Petits poèmes
Pour les Enfants

JOHN DOUGLAS

Édition JOSH DOUGLAS

Goûter par Petit Poème
Pour Enfants.

Les enfants sont Un héritage des SEIGNEUR .Salomon.

Préparation Voir
là quelques petits poèmes préparés au profit des
enfants. Le créateur sait très bien que lui, si poète, là-
bas Par très peu de renommée peut atteindre, mais cela
était aussi le but non. Il s'est référé à une seule mauvaise
vérités utiles Comme ceci en rimes réciter qu'ils n'étaient
pas au-delà de la sensibilité enfantine; et il l'a fait comme
ce petit fait, sur ce qu'elle des plus facile, à travers une
seule lecture, serait capable de devenir imprimé en
mémoire, sans qu'il soit nécessairequ'ils soient devenus
par l'extérieur; quelque chose
où le fabricant est très en retour, et qu'en plus, uniqueà
travers la lecture répétée,

se produire peut.

Il n'a pas été donné de raison jusqu'à ce qu'il
formule cette pièce unique - que le fabricant ait des
enfants à lui, qui sont maintenant son seul et plus
grand plaisir - que l'on puisse tel

des morceaux dans notre langue manquenta
- qu'il plaît aussi pour
d'autres utiles est - et qu'il le haut allemand
Lieder für enfant de WEISSE et le petit
Lieder für petit mädchen und junglinge de G . W.
BURMAN ,de très grand plaisir, lu a ; aussipour
l'avoir plusieurs fois sur Pine Tree away
aidé, beau il n'y a en fait aucun traduit, ou
pris en charge a.

    Ils ne conviennent pas tous aux enfants de
quatre ou cinq ans, mais ce n'était pas non
plus nécessaire. Les hommes peuventchoisir
eux-mêmes, lesquels l'homme sur ses
enfants veut laisser lire, l'homme peut aussi
soudainement remarquer, ou un enfant
comprend ce qu'il lit que non.
L'auteur les a tous testés, et il peut assurer
que ses petits garçons aînés - un enfant de
cinq ans - beaucoup d'entre eux, à la
première ou à la seconde lecture, ont
compris ; et donc il se maintient assuré
que tous ces mors pour enfants, au-dessus
des cinq ans et en bas des dix ans, sont
utilisables. Il ne faut pas non plus lui faire
de mal si ici et là l'esprit enfantin a un peu
de mal à se rencontrer, et là-bas jusqu'àce
que demander et parler s'excite.

Si j'avais le plaisir de faire approuver ces
mots et que des fruits étaient utilisés,
j'ajouterais de temps en temps, avec plaisir,
une feuille à celle que j'offre actuellement sur
mes compatriotes. Ce nombre, que
j'accorde actuellement, est assez grand,
jusqu'à ce que le procès soit à prendre.

Chez deux chers petits gars

... D'abord pour récompense Un baiser ou deux.

Chez deux chers petits gars

Regardez là, les coins sucrés! Un paquet de bits,
Divertissez-vous là-bas!
Et saute à votre logement, mais... premier ter

récompense Un baiser ou deux.

Poussée par l'amour, ai-je chanté, Etje
veux que tu y sois plus, Tu
peux y demander. Quand
elle te plaira Vientle
temps sautillant.

C'est une chance enfantine.

J'ai des jouets, un stylo à linge, du lait et dupain,
un berceau pour dormir.

C'est une chance enfantine

Je suis un enfant aimé de Dieu,Et
jusqu'à ce que la chance crée.

Est-ce que l'amour est grand ?

J'ai des jouets, un stylo à linge, du lait et du pain, A
berceau à dormir.

je vis me sens libre;je
cuir de luxure;
Je ne connais pas encore de soucis. Par lui jouer
fatigué,
Je ferme les yeux la nuit, et dors jusqu'à demain sur le pin.

Loué soit Dieu Pour sa spacieuse jouissance De tant de
faveurs ! Mon cœur et ma bouche Lui feront chaque matin
Et chaque soir
Des prix.

La pêche.

Cette pêche que mon père m'a donnée, à laquelle je

cuir industrieux.

La pêche

Cette pêche que mon père m'a donnée, Pource
cuir industrieux.

Maintenant, je mange rassasié et heureux. Cette pêche
goûts Désagréable plus.

La gaieté appartient à la jeunesse
Spectacles éducatifs en zig.
L'assiduité, cette vertu enfantine, devient
toujours bien récompensée.

L'amour d'enfance.

Et je sautille à ses côtés', Aussi que

amusé et m'apprend;

L'amour d'enfance

Mon père est mon meilleur ami.

Il m'appelle encore mon cher enfant. k Enregistrez-le,
sans soucis de peur.

Et je vais sauter à ses côtés', Aussi qu'amusé et
m'apprend; Il n'y a pas de meilleur
père !

Je suis aussi parfois méchant, Mais si mon vice me
repens, Alors le
cœur de son père est ému, Alors son amour ne dit
aucun reproche, Oui même, quand il me châtie, Quede
voir j'ai les larmes
aux yeux.

Dois-je par désobéissance, Que faire, que mon père
pleure;
Est-ce que je le ferais soupirer et se plaindre ? Non, si ma
jeunesse fait du mal, que je tombe bientôt à pied,et je
demanderai à Dieu le pardon.

Alexis.

Mais si elle sur, qu'il lui plaît, pour elle, de

jouer avec, demande, que devient cetterace
d'amour réduite ;

Alexis

Alexis aime ses soeurs,Quand elle est en paixpour
vivre; Il l'appelle toi-même chérie, si elle lui donne
ses jouets. Mais si elle sur, qu'il plaît, Pour
elle, pour jouer avec, demande, Que devient Cette
race d'amour réduite; Et si elle l'empêche de fairesa
volonté, qu'il la déteste presque tout entière.

Elle est également à travers elle à
beaucoup de, Quand elle au-dessus de cela, à travers
quelqu'un est de plus en plus louée.

* * *

Un amour, Qui comme cette race se refroidit,
Qui vise méchamment à son propre
avantage, Est-ce que cet amour bien droit serait ?

La vraie richesse.

Qu'est-ce que la richesse de toute façon ? qu'est-ce que l'honneur ?

Dieu ami à être est beaucoup plus;

La vraie richesse

Ne laissez pas l'argent ravir nos jeunes esprits, Mais la
   sainteté et la vertu.

La sagesse est le bien le plus nécessaire ; Il bijoux par la
   jeunesse.

Qu'est-ce que la richesse de toute façon ? qu'est-ce que l'honneur ?
   Une poignée de boue vide.

Être l'ami de Dieu, c'est bien plus que Jésus aimer, c'estriche.

Viens, nous tombons aux pieds de notre Dieu, À la vertuet à
   la

sainteté : C'est ainsi que notre jeune esprit devient sur
   terreDix cieux préparés.

Ensuite, nous aurons ce cher chéri, qui n'a jamaispérit
   à nouveau.

Ensuite, nous marchons sur le chemin de la vertu,Et pourle
   surprendre en colère.

C'est joyeux apprendre.

Le mien cerceau, le mien échange sans frais contredes
livres ;

C'est joyeux apprendre

Mon jeu est l'apprentissage, mon apprentissage est
le jeu, et pourquoi est-ce que j'apprendrais en
m'ennuyant ?

Lire et écrire m'amuse. j'échange mon cerceau,
ma toupie contre des livres; Je veux dans mes
empreintes mon passe-temps chercher, c'est la
sagesse, ce sont les
vertus, désagréables lesquelles j'accroche.

C'est dommage.

Qui que j'aie jamais vu porter du chagrin,
j'ai aussi des sentiments là-bas.

C'est dommage

Qui que j'aie jamais vu porter du chagrin, j'ai aussi des
sentiments là-bas.
Je ne ferme pas mon oreille à sa lamentation, mais
aidez-le si je le peux.

Soulever un homme dans le chagrin, c'est même pour les enfants
doux.
Qui peut se moquer de ceux qui pleurent, montre un
mauvais esprit.

Est-ce que je me réjouirais autrement ? Est-ce que k
rire est intelligent?
Oh non, un noble dommage
cœur.

Je me lamenterai alors avec les affligés,
Qu'ils se consolent dans leur douleur.
Pour aider à porter le fardeau d'un autre, Dois-je mefaire
plaisir.

L'assiduité.

Mes classes veulent que j'apprenne,

L'assiduité

dormir longtemps le matin, au bâillement et au
bâillement,
    assis laid pour un enfant. Qui doit toujours
comprendre beaucoup,Et la langue folle veut

applaudir, Voit rarement zig aimé.

Est-ce que je passerais mon temps à mille
bagatelles ?
    Je n'en profite pas. Mes classes veulent que
j'apprenne, Mes maîtres
dois-je honorer, Que je
devienne un homme.

Le miroir.

Je veux savoir, Qui je suis,
Alors la parole de Dieu doit être le miroir, Où
je sais de tout mon cœur.

Le miroir

Qui regarde toujours dans le miroir, Et zig dela
    beauté flatte;
Ne réalise pas la vraie beauté, Mais chasse la
    vanité désagréable.

Ce verre nous rend fiers ou nous fait souffrir ;Je
    veux savoir, qui je suis,
Alors la parole de Dieu doit être le miroir, OùJe
    sais de tout mon cœur.

se plaint par les petits
pin William.

Ah ! mes soeurs sont mortes

se plaint par Pine Tree Littles William sur les morts par sont sœurs

Ah ! ma sœur est morte, âgée
   seulement de quatorze mois. k Je l'ai vue morte
dans sa boîte mentir :
   eh bien ce qui était ma petite soeur froide! k
l'appela ajouter: mine chère Sissy!

   Poule mouillée! Poule mouillée! mais pour pas.Ah!ses
yeux
   sont fermés; Je dois pleurer de chagrin. Je veux toujours
à son deuil,
   éparpillant des fleurs sur sa tombe : pleurant Surles
baisers pense, Que ma chère
fille m'a donné.
Demain je le ferai - mais pour moi c'est trop dangereux en
   mourant gros.
Hier, elle a joué avec moi; hier encore ! et maintenant -déjà
   mort!

C'est cadeau.

k Avez-vous tog Comme ce doux s'il

C'est un cadeau

Maman chérie ! voir une rose thereBy votre Coosjen, alors
    que vous êtes aujourd'hui anniversaire.
J'ai chanté ce matin et j'ai sauté : comme
    cela, j'ai voulu servir un temps désagréable.

Mais ne puis-je creuser des rimes, Dois-je metaire
    Pour mon frère en poésie.
Alors prends-le, mère ! mauvais ce roses Par votre Coosjen,k
    Avez-
      vous comme ce doux s'il.

Petit Clair.

Bienvenue chère petite soeur!
Bienvenue dans ce vivre!

Message de bienvenue de LittleClaar pour sa petite petite soeur

Bienvenue chère petite soeur!

Bienvenue dans ce vivre!

boulanger! je ne peux pas embrasser ma petite soeur

donner.

Veux-tu dormir? O elle craie!

Cela l'ennuiera sûrement. Demain, si vous êtes éveillé,

Dois-je jouer

de vous.

Repose-toi tranquille, alors tu grandiras; Apprends vite à

marcher !

Quand tu t'assieds sur les genoux de ta mère, Doit-elle jouer

acheter.

Ô ! Mamatjen est comme ça bien!

Tout ce qu'elle veut donner,

Si seulement ses enfants étaient doux et en paix pour

en direct.

L'oisiveté.

Prier, apprendre, écrire, lire, Jouer, travaillera
son temps.

L'oisiveté

Je ne dois jamais être vide ; tout ce qui fait de la luxure etde la
   diligence.
Prier, apprendre, écrire, lire, jouer, travailler a son temps.

Maman chérie ne supporte pas grand-chose non plus, quele
   temps négligé devient de plus en plus.
Être paresseuse, dit-elle, c'est voler du temps, et nous
   vivre c'est comme ça court !

C'est toutou.

_ Une bête comme celle-ci est satisfaisante

attendez l'homme pas par moi!

Il chienchien

Comme mon petit chien est reconnaissant pour les petits oset
quel pain !

Il remue la queue, il se promène, Et saute sur les mines
abattues.

De la viande et du pain et du vin me sont donnés, Et souventdes
friandises :

Mais une bête peut-elle être si reconnaissante, Qu'est-ce que
l'homme n'est pas près de moi !

Ça a brisé du verre.

viens Keesje doux! amour sur de la craie,

Le verre brisé Une narration

Cornelis avait cassé un verre pour Dans la rue.

Bien qu'il ait privé les pièces, il ne connaissait pas de
conseil.

Il avait peur de mentir, alors que Dieu Il

voit : Et aurait-il triché sur Mama maintenant, Cela ne
pourrait-il pas.

Il resta consterné et ému, La mère
vient:

Elle voit les larmes dans ses yeux, il a brilléabasourdi.

Keesje, a-t-elle dit, quel talent ?
Qu'y sauve-t-il ?

« J'aime, dit-il, mère ! dans un instant Météo en

colère fait.

Lorsque vous travailliez sur des palettesBee, la fenêtre
l'était.

A volé mon volan , à travers les grosses fusées, là-bas
dans le verre.

Mais si votre Keesje de sa vieNe le fais pas

encore, Alors tu veux lui pardonner,Tu es comme ça
Bon !

Allons chérie! arrête de parler à la craie, Dit ma mère

quand : Je ne veux pas te blâmer pour cette erreur, Il
a eu un baiser.

Qui veut toujours dire la vérité, Devient bien
    récompensé.
Qui cherche des mensonges pour ses défauts, devient
    jamais changé.

La religiosité.

Comme c'est gentil de me tenir cette guirlande !

La religiosité

Si dans le cher printemps
Les fleurs décorent le champ, Alors je cueille des
boutons de rose, des violettes, des amours vierges,de
la citronnelle et des lilas.

Ensuite, je vais tisser des couronnes, et porter ceter
honneur

par Dieu, que je le vive et fait
don de fleurs. que je chante : roi du ciel !

Tu fais pousser des violettes, Avec des roses, des
jeunes filles, de la citronnelle et des
lilas, Avec mille mille fleurs ; À votre pouvoir et à
votre amour Chez les
enfants au spectacle.
Comme ces couronnes sont belles sur moi !

Ah ne me laisse pas oublier
Que tu as fait grandir !

Le lièvre.

Regarde Pietje ! regarde, un lièvre,

Le lièvre

Regarde Pietje ! regarder! Un lièvre, ô qui, commeça,
pourrait bientôt marcher !

Non, dit l'intelligent Pete, Voulez-vous des
lapins, je ne suis
pas : k Voulez-vous plutôt lentement aller, que
cela de Pine tree dead acheter.

* * *

Celui qui doit toujours être loué des capacitésQu'il
a

Vivez avec contentement et gratitude, les cadeaux
peuvent être bien dépensés.

Mais celui qui s'agenouille toujours Et ce que
les andren veulent être,
Même ce qu'il a perd, Ai-je plus qu'à un
moment donné lu.

Narration par Dorisje.

Nous avons bu du chocolat, Et fait des centaines de demandes.

Une narration de Dorisje

Nous étions récemment avec Saartje , Notre vieux bon
boulanger, Qui peut raconter des contes de fées. Nous
avons bu du chocolat,
Et fait des centaines de demandes.

A la fin notre Saartje a dit : Eh bien maintenant, mes
chéris ! Tu connais les quatre marées, Qu'est-ce qui te
retient le mieux ?

Alors ma sœur Mietje a dit ma bien-   , Ce temps est
aimée, Quand les arbres fleurissent.
Ensuite, vous obtenez de belles fleurs, Pour les grappespar à
aplati.
Alors on voit un millier d'oiseaux chanter sur des brindilles
vertes.
N'est-ce pas au printemps?

L'hiver, cher Saartje ! Dit Pietjen , c'est le meilleur, Alorson
entend, Et boit du chocolat, Ou mange des gaufres épaisses.

Non, je préfère l'été Keesje a dit juste. Quele   , alors c'est
sabot je n'apprends pas.

Mais j'ai dit, c'est mieux si la
plupart des fruits sont mûrs.

Ensuite, il est bon de craquer. Puis vous avez des abricots, Et des prunes, et des griottes, Et des pêches et

des poires : Et n'est-ce paslà l'automne ?

Écoutez, mes enfants, dit Saartje , L'hiver doit rendre les champs Et les jardins fertiles.

Il faut élaguer les arbres ; Le champ doit être engraissé ; Cela fait l'homme en hiver de pin.

Les arbres doivent fleurir, Pour nous donner des fruits ; Ce qu'elle fait au printemps.
Les fruits doivent pousser; Ils font ça l'été. Il faut en récolter les fruits ; qui font l'homme en automne.

Vous aussi, chers enfants ! Louez en toutes saisons la sage bonté de Dieu, Et soyez bien enpaix.

Jésus.
Une partie vocale.

Jésus est l'ami des enfants !

Jésus

Un morceau de chanson Little Claar et
Johnny

à ensemble.

Jésus est l'ami d'un enfant ! Les nôtres veulent qu'ilzig
ait pitié. Il a pris des enfants dans ses bras : Jésus est
l'ami des enfants !
CLAART UNIQUEMENT.

Oh, Jésus était-il encore sur terre ! Bientôt, je l'ai
volé à Désagréable.
JANTJE seulement.

Ah utilisé pour être Jésus encore sur
le sol! k Volé de vous Désagréable Jésusà. à
ensemble.

Fils de Dieu! qui vit pour toujours ! Écoutez-nous
mendier, Et
pardonne Notre audace et nos défauts ! Fils de

Dieu! qui vit pour toujours ! Bénis notre jeunesse,et
donne, Que Nous parlons souvent par TOI !

Le toit flottant.

Ne fait jamais courir la mienne à dessus flottant
sans réussir ;

Le toit flottant

Ma toupie flottante ne coule jamais sans coups ; Parceque
j'aime sur, que ne court-il pas. J'ai déjà ça pour battre
la tristesse, Et j'en aurai d'autres
jouets à demander.

Mais n'est-ce pas la même chose avec Flipje ? Oui;Je
n'ai jamais eu à craindre les coups, j'aurais rarement lu
dans mes
livres, Et cela donne aussi de la tristesse à mon père.

Dommage que je doive apprendre d'une toupie, Pour
travailler avec diligence sans coercition. k Voulez-
vous, jusqu'à ma punition, la mienne pour la vie

Pas d'autres jouets à désirer.

Le prunier.

Johnny a un chapeau plein de prunes,

Le prunierUne narration Jantje a vu une
fois des prunes suspendues, O! si les œufs
aime ce gros.

Il parait que Jantje voulait aller cueillir, les beaux
sont père l'interdisaient.

Voici, dit-il, ni mon père, ni le jardinier, qui le voit :A
Un arbre, Comme celui-ci tout chargé, on ne
manque pas

cinq six prunes. Mais je veux être obéissant,et
non cueillir : je marche
vers. Serais-je, pour une poignée de pruneaux,
être désobéissant ? Non.

Forth est allé Jantje: mais son père, qu'il avait
écouté tranquillement,
l'a rencontré en marchant devant le chemin du
milieu. Viens mon petit Johnny, dit le père, viens
mon petit chéri !

Maintenant, je vais vous cueillir des prunes ; a maintenant lepère
Johnny sweet.

Puis papa a commencé à trembler, Johnny a
soudainement
repris; Johnny a eu son chapeau plein de prunes et a marchéà sur
Un galop.

Le mendiant.

Qui le regarde avec admiration, ne le commandez pas désagréable par Jésus.

Le mendiant

Cet homme décrépit, qui est assis presque nu,Et tremblant de froid, me suppliant un sou, Estpour un peu bon si je. Dieu la sagesse ne m'adonné que

plus d'argent que cela. Ben je que mieux ?...
Non.

Un homme pieux et honnête porte souvent des vêtements sales, je veux qu'aussi la vertu chezles pauvres honore.

Qui le regarde avec admiration, ne le commandez pas désagréable par Jésus.

La vraie amitié.

Cela loue rarement, parle la langue d'un ami.

La véritable amitié

Un ami, qui me montre mes fautes,
Sévèrement puni, et jamais excusé, A sur
mon cœur un grand pouvoir : Mais le cœur
bas qui toujours flatte, Suspecte- moi par
égoïsme, Je ne peux être présence qu'intolérable.
Qui loue rarement, parle un langage
amical. Cela flatte toujours, ment plusieurs
fois.

Sa semence servira.

David

En train de préparer

Je suis beaucoup trop sensible à l'accueil
favorable que mes petits poèmes font avoir
eu des enfants auprès de mes compatriotes,
pour que ma joie et ma gratitude, à cause de
cela, ne s'expriment ouvertement. Les
déclarations orales et écrites du plaisir causépar
ces mes humbles travaux, m'ont souvent
fortement affecté ; Oui, j'ai souvent crié à de
telles occasions : Des larmes coulent de mes
yeux , Chers enfants,
  si vous me demandez plus de poésie.

Ah ! mon cœur, si ému, bénis Dieu, qui vit pour
  toujours , qu'il me donne cette joie !
  Ce n'est donc pas une lenteur, une léthargie,
  que moi, l'avancée de ce labeur s'est décalée
  depuis si longtemps. Quoi alors ? - pure
  incapacité, mes chers compatriotes ! En tant
  que poète surtout, je ne peux pas travailler
  quand je veux ; et dès que je dois me forcer, tout
  tourne mal. J'ai attendu alors, jusqu'à ce que je
  sois de nouveau dans cet état frappé,dans
  lequel j'ai fabriqué les miens d'abord ; et c'est le
  fruit de ces heures que j'offre à
  nouveau à nos enfants ; en tas que la même
  chose pour un peu

permis de plaire si les premiers.

J'ai eu longtemps mes pensées à partir pour aller, et même une seule ressource employée, à quelques tableaux d'art avec ces comptines trop ajouter, quand M.   ,
loin Libraire à Amsterdam , ALLART un et m'a fait remarquer, à là-bas en jusqu'à mon plaisir de passer . Les tableaux passeront sous ma supervision Peintre J. _ BUYS signés, et par les Heeren PUNT et VAN DER MORE seront gravés ; par la compétence dont peut être vu dans les images fines pour des fables de Gellerts ; qui en image un, Comme ça bien si Que des
fables, Sur notre jeunesse hollandaise pas assez peut reco

Ces images seront placées aussi bas que possible, et les rimes, cependant, sont disponiblesséparément. Cependant, ceux qui zigzaguent depuis les premiers et les meilleurs tirages
fournis veulent, s'il vous plaît, abeilles leurs libraires,

ou abeille JOSH   , à Amsterdam   , ou DOUGLAS abeille le WED . J. V. JOSH   , DOUGLAS ici les leurs précisent les noms ; fera les premiers tirages à tel dès quepossible, devenu Livré.

Adieu mes compatriotes ! et sois assuré, qu'il m'a toujours été sensible ce sera un plaisir de pouvoir le faire

quelque chose pour l'usage ou l'amusement de
vous ou de vos enfants infligez.

* *
 *

Je dois ajouter ici qu'il y a des raisons qui

m'obligent, pour aucune copie pour egt à
reconnaître, que celle par les imprimeurs celui-ci
à lui seul Sosigned
sont.

le Mer J de JOSH DOUGLAS

Lottie et Keesje.

À quoi bon que vous soyez seul dans An nooksit, et se plaint.

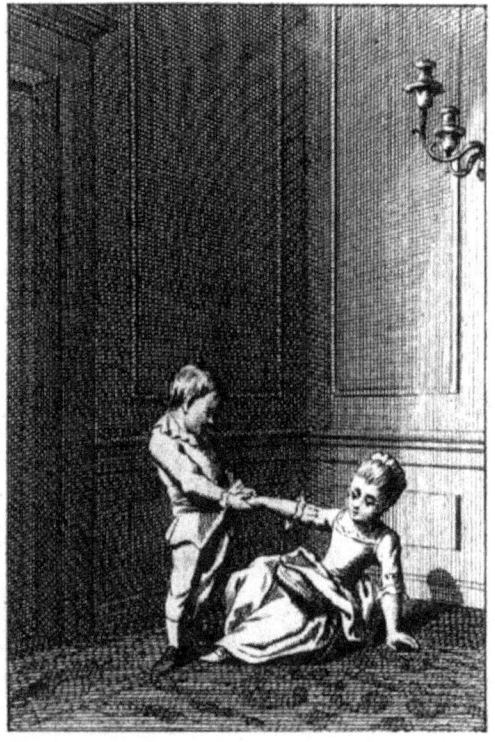

Lottie et Keesje

KEESJE
Dites-moi douce chère Lottie !
  quelle est la cause, que vous pleurez: Hebtge votresac
de support perdu, ou
cassé, chère fille?

PARCELLE

Ne pleurerais-je pas, cher Keesje ! ma douce mère
  n'était pas rencontrée
avec ma couture oh! elle m'a vu de tristesse et detristesse
On.
Oui, elle me force à ne pas embrasser, comme ça sielle
  le fait toujours autrement.
Fi moi ! ah ! qu'une telle mère à la miennele
  deuil de la méchanceté doit.

KEESJE
A quoi bon que tu sois seul dans Ancoin
  assis, et se plaint. allez,
  elle vous le pardonnera, si vous
  demandez à changer.

PARCELLE

Veux-tu alors intercéder pour moi, me guider :

KEESJE
Oui bien sûr:

Est-ce que je ne parlerais pas pour Lottie , c'est la mienne
  Chères sœurs.

Mais tu n'as pas besoin d'intercession, si ta mère tombe àses
  pieds,

Te pardonnera-t-elle sûrement, Mère, sache
  toi, est comme ce bien.

  Yeastren l'a lue pour nous deux, qu'aussi

    Dieu pardonne la culpabilité:k Sachez, elle vous

  effacera le changement, là-bas elle

  a un tel exemple.

La santé.

Qui n'en a jamais assez pour sa bouche,Vit
rarement joyeux et sain.

La santé

La santé est un grand trésor

en direct.

Bien que j'aie eu une grande richesse, Quel avantagecela
aurait-il à

donner, Alors moi, rongé de peur et de douleur, Moi-
même jusqu'à ce qu'un fardeau doive être.

Mais est-ce que je suivrais les conseils de
mon Père ?
Et la gourmandise et l'excès n'évitent pas et
oublié?
Qui n'en a jamais assez pour sa bouche,Vit
rarement joyeux et sain.

Petit garçon et Keetje.

Apprenez maintenant d'abord, que de jouer We.

Petit garçon et Keetje

CLAIR

Toujours travaillant, toujours lisant, Cela doit bien
être triste :
    Est-ce pour cela qu'on vit ? Drôle de Keetje !
jouer maintenant ; Ah ! le temps doit vous ennuyer
Servez-vous Sur vos maîtres donne.

KEET

Ne jamais travailler, ne jamais lire, Toujours
dans le jardin des Pins à
    être, Est-ce pour ça qu'on vit ? Petite fille chérie,
arrête de jouer ; Ah ! le temps doit vousennuyer,
Servez-vous Sur vos poupées donne.

CLEAR

Parfois en jouant, parfois en lisant, C'est bien ce
qu'il y a de mieux, Keetje doux !
viens jouer avec moi.

KEET

Cela vous ennuiera sûrement. Sur à tenir par Cela pour
jouer :
Apprenez maintenant d'abord, que de jouer Nous.

* * *

Ter plus étroitement besoin avait Keetje ce

dit,
Ou Petit garçon avait, honteux, ses poupées
réservées.

Il l'a trouvé des chansons.

Quelles chansons douces et agréables !

Il a trouvé des chansons

Je viens de trouver ce morceau de tas de papier que je
peux lire.

Au-dessus, il est écrit : Comment ! ...

L'HOMME SATISFAIT

Venez, les enfants, asseyez-vous avec moi.k Voulez-vousDes
chansons à donner.
Le contentement est bien plus que de
estimer dans ce vivre.

Bien que j'aie peu, j'ai assez; Devrais-jeUn
homme envie le pin,
Qui portait toujours de beaux vêtements, mais lourds
la douleur devait à la souffrance.

Travailler me garde toujours en bonne santé et rapidepar
corps et membres.
Je me réveille le matinRafraîchi et bien en paix.

La faim que j'ai dit manquer, Me fait manger beaucoup
plus ardemment,
Que si j'étais à la table d'un roi, J'avais l'habitude d'êtreassis
jour après jour.

J'ai souvent de l'eau d'une source de plus de goût
ivre,

Que jamais le vin ne pouvait me donner, Des coupes d'abeilles ontété
versées.

Et le jour est passé, Vois que je monte le soir du Pin, Alors je
mettrai une
chanson Pour les mines de Dieu à des prix.

Maintenant chers enfants, vivez comme moi, Réjouissez-vous dela
bénédiction de Dieu !
Dites merci à chaque instant, qu'est-ce que j'ai beaucoup de
a obtenu!

* * *

Quelles chansons douces et sucrées ! Comment plaît
et me frappe.
Puis-je apprendre à vivre ainsi, homme satisfait ! si
vous.

La bonne ambition.

Je ne peux pas
l'oublier, mais il ne faudra pas qu'il arrive.

La bonne ambition On se plaint par

Daantje Ah moi ! Je suis
triste, j'ai perdu le prix Servir le père
doux promis avait, A celui
qui a appris le mieux. Ce livre avec de
belles images, Des rubans de soie verte,
Ce que je désirais A Johnny maintenant
obtenu; Parce qu'il écrivait
le mieux, et qu'il lisait le plus rapidement.

Oui sur les cartes qu'il pouvait Les terres et les

rivières, Les mers et les villes, Il

trouve le plus rapidement par tous.

Mais est-ce que je l'envierais, et maintenant encore moins
apprendraient ?

Non, je louerai ses dons, et cela à plus
d'amour.

Mais aussi je retarderai le prix honorifique
du pin à

gagner, que le père a encore promis. moi. En
jouant trop En dormant trop longtemps,
En regardant
autour de moi, Quand j'ai
dû faire attention Ai-je perdu le prix du pin.

Ce livre avec de belles images, Avec des
rubans de soie verte A Johnny qui l'a !
Je ne peux pas
l'oublier, mais il ne faudra pas qu'il arrive.

Le veilleur.

Est-ce que j'aurais peur du pin battant,

Le veilleur

Dois-je craindre le battant, O ! Ce cher brave
homme
Me permet de me reposer facilement et aussi de dormir en toute sécurité
peut.

Maman chérie ! Je crois fermement qu'il sur les
costumes des voleurs.

Propre il marche à travers le vent et la pluie, c'est
chanter c'est devenir il ne se lasse
jamais : Bon Dieu ! donnez-lui votre bénédiction, Mais
mes yeux se ferment. Cher clappeur ! j'adore l'attenteje
vais dormir : bonne nuit !

Klaasje et Pietje.

Laissez-le venir, s'il le peut.

Klaasje et Pietje

CLASSE

Pietje, si tu ne veux pas être bon, alors
  apparaît l'homme noir.

PETE

Klaasje, c'est un mensonge ! Qu'il vienne s'il le peut.
  Qui croit en un tel homme, se fait voler l'esprit.

Chanson d'hiver.

Ah ! combien d'un millier de personnes ont
Comme ça beaucoup de stock pas.

Chanson d'hiver

Je vois les feuilles jaunes tomber, du Pin l'été c'est fait :

Et le hurlement de la neige et de la pluie nous annonce
l'hiver des pins.
Ah ! comme me vibrent les membres, k
Walk Désagréable il recoins par la cheminée du pin ;Père
dit:
dans un tel froid sert là
bois ni tourbe épargnés.
o Nous avons tellement de stock pour l'heure d'hiver
de Pine Tree;
Là, ils m'ont mis dans des vêtements chauds pour Pine
les brins d'arbres se libèrent du gel.

Poires d'hiver, choux et pommes beurre, viande, Ouiquoi
pas déjà, Déjà dans notre
sous-sol, que nous Saveurs savoureuses.

Puis-je être reconnaissant maintenant, à propos de moi heureux
parcelle;
Oui je veux vivre docilement et merci, bon Dieu !

Oui je veux penser tout le temps si le froid me chagrine,
Ah ! combien
d'un millier de personnes à avoir Comme ça beaucoupde
stock pas.
Oui, je veux économiser de l'argent et quoi par mon
abondance

A Un pauvre bébé à
donner, qui par cri de faim doit.

Dieu bonté.

Dieu est bon, c'est là que tombe la pluieIl a déshydraté le pays :

Dieu bonté

Dieu est bon, c'est là que tombe la pluie Sur la
terre desséchée : Père bain à tel Une

bénédiction,
Sans pluie, Dis-il, ne pousse ni herbe ni plante.

Chères gouttes, tombez sur la terre ! Tombez en
grande abondance,
L'or n'a pas tant de valeurPour notre sol.
Dieu nous interroge : Dieu est Bon !

Dieu sagesse.

Dieu est sage, cette douce pluie tient maintenant :

Dieu sagesse

Dieu est sage, cette douce pluie se maintient

maintenant : elle a de l'herbe aride.

Tombé là déjà à de fortes pluies,
   Jamais vu le soleil, Qu'il ne le serait plus
jusqu'à la bénédiction, Mais
jusqu'à ce que nous soyons blessés.

Dieu est sage, cette douce pluie Maintient le
   temps : le sol aride
A tant de vogt maintenant, Si la sagesse de
   Dieu était nécessaire.

Les généreuses représailles.

k Doit-elle par mes friandises à donner,

Les généreuses représailles

Est-ce que je tourmenterais ma soeur? Pour qu'elle mepas
aime?
Est-ce que je dirais du mal d'elle ? Non, je pense : c'est une
enfant!

Je lui donnerai quelques-uns de mes friandises Que des
raisins, qu'une poire, Puis
une noisette six sept, Et quand elle voudra, encore plus.

Je gagnerai son cœur avec amour, Elle n'est pas uneenfant
maligne ;
Comme si longtemps je son amour, Jusqu'à ce qu'ellefinisse
par m'aimer aussi.

C'est un enfant malade.

Mes têtes ! ah ! C'est comme ça très!

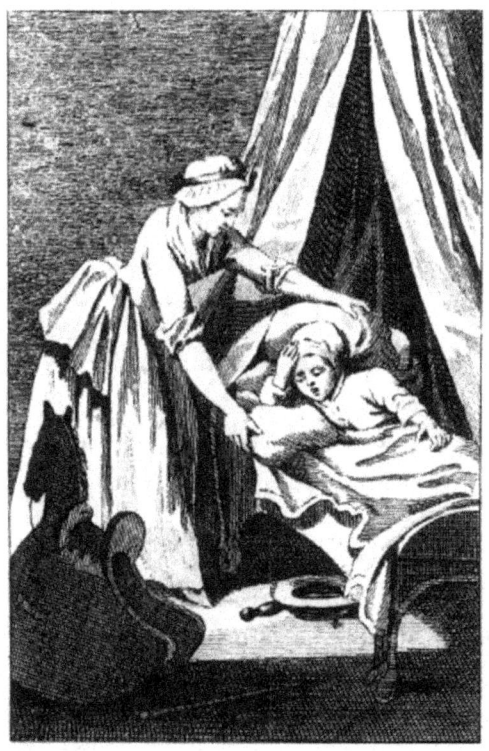

C'est un enfant malade

Mes têtes ! ah ! cela fait si mal! Il apparaît par Un fendu;
Plus aucun
cheval à bascule ne m'amuse ; Et le bel homme
demande, ce que je désire, je le dégoûte en
mangeant le plus savoureux.

Bien qu'aucun enfant ne soit aussi bas que moi, la paixm'est
prise.
Et je dors à un moment donné, puis je me réveille d'une
frayeur au moyen d'un mauvais rêve.

Maintenant je deviens d'abord, par ce qui me manque,
Jusqu'à ce que la
gratitude m'encourage : Maintenant je sens, mais avec
tristesse, Combien on doit à Dieu, Si l'homme sain
permettait de vivre.

Mais ô ! que Dieu est toujours bon ; Je veux maintenantêtre
satisfaisant, Et bien
que je doive souffrir des douleurs, Le patient dit : Dieu
est bon !
Il peut me guérir du temps.

C'est un bon exemple.

Allons, mes chéris, vivons l'un l'autre
l'utilité et la joie !

C'est un bon exemple

Père vit avec notre mère toujours heureux et
heureux,
O comme ils s'aiment, ne grogne jamais
si nous.

Montre quelque chose à désirer, que de direl'autre
: c'est bien !
La mère est la meilleure si elle fait quelque chose
pour le père.

Le père essaie toujours de savoir
quel est le souhait de la mère; Et elle ne peut
s'ennuyer,
donne à son père de la tristesse.

Père a donné la meilleure
pêche en dernier à mère avec un baiser; Il nete
souhaite pas de manger :
petit garçon, ferions-nous cela ?

Sœur très chère, frères très chers O Il nous tend
jusqu'au reproche, Que Nous aimons souvent cette
querelle; eh
bien vous ne savez pas comment ça me désolé.

Allons, mes chéris, vivons l'un l'autre l'utilité et la
joie !

Essayons de suivre l'amour paternel et
vertu des mères.

Là seul peut habiter l'amour, là seul il faut vivre
doux, Où l'un,
heureux et sans contrainte, tout fait l'un pour
l'autre.

Pietje et Keetje.

PIET.

Eh bien : j'ai quatre belles gravures,KETTLE .

J'ai deux rubans,

bon pour elle, directement je suppose.

Pietje et Keetje

PETE

Viens ma chère douce soeur, donne-moi un baiser,OI
        suis comme ça dans le mien arranger!
            J'ai entendu dire de ma mère que Camie par l'école
        viendra, personne n'est
        comme ça content si je.

KEET

Alors pensons à quelque chose, faire un donChez
        Cette fille chérie.
        Si nous lui disons juste quelque chose. Et pas d'actesqui
        l'accompagnent.

PETE

        Eh bien : j'ai quatre belles gravures,

KEET I

        deux rubans,
        bon pour elle, directement je suppose.

PETE

        Cela lui plaira, si petit soit-il, Depuis lors, elle n'a pas
        besoin de demander, Ou c'est nous mais parlerest.

C'est de la patience.

Cela a vu que j'ai duré dans notre chat,

C'est de la patience

La patience est une telle vertu dans Une tâche difficile

Y a-t-il un blanc d'oeil à réaliser ; J'ai vu ça chez
notre chat l'autre jour, Que des heures ont plongé
marre, Pour un rat à
l'affût.
Elle n'est pas allée jusqu'à ce qu'elle ait le rat, capturé,
dans ses griffes.

Un jeune religieux.

Que Dieu aime Qui devient enfant;

Une jeunesse religieuse fait vieillir un chanceux

Celui dans sa jeunesse Il a brisé le chemin de
la vertu, Et fais le bien Attends que son vieux se lèveà
l'aube.

Mais ce sont des temps Inutiles qui s'usent,
Ses nouveaux pouvoirs de péché donnent, Doit,
décrépit, Tristesse s'attendre.

Quittez, ô jeunesse !Il
chemin der vertu,
Vous avez demandé s'il vous plaît, Alors vous serez
heureux Par
remords libre Vôtre vieux à l'aube.

Bien que tu sois une moquerie
Dieu
trop coquine délaissée, t'as bien plus
Que l'argent ou l'honneur
Par cela à attendre.

Que Dieu aime Qui devient enfant;

Et doit-il mourir, elle a demandé ou spae, il doitgrâce
Abeille Dieu acquérir.

La mésange charbonnière.

Dis maintenant que je m'abeille toi-même : il n'y a plus d'oiseaux.

La mésange charbonnière

Mon cliché n'était suspendu dans l'arbre que depuis une
heure, ou cette mésange charbonnière en avait marre.
Alors je me suis dit : Comment vais-je attraper des
oiseaux ! C'est ce qu'on appelle d'abord à droite Unbon
départ !

Mais ah ! Il est bien sept heures avant
l'aube, je n'ai pas vu un pinson ou une mésange
charbonnière pendant tout ce temps, maintenant je
suis tout abattu, maintenant dis que je m'abeille toi-
même : il n'y a plus d'oiseaux.

* *
  *

Que déjà à de grandes choses
attendre, À ce qu'il s'y lance sont des tentatives
réussies,
    Est aussi insensé qu'il est poussé au désespoir,À ce
qu'il pour Un temps pour l'adversité doit s'abaisser.

Pietje bee Il est malade
par ses sœurs.

'Bon Jésus! écoute ma lamentation, 'Et
récupération ma petite soeur météo.

Pietje bee It malade par ses soeurs

Oh ce gémissement, oh cette plainte, Mon cœur tendrene
peut-il pas porter, Sissy chérie, je

   ressens ta douleur ! k Je serais prêt pour ta souffrance,

Pourrait-il vous libérer du chagrin, ou jusqu'à ce que le
soulagement soit.

Mais c'est au-dessus de mes moyens; Mais je me penche,les
yeux larmoyants,

   Priant mes genoux vers le bas. « Ne laissez pas ma prière
vous déplaire Bon Jésus ! écoute ma lamentation,Et
récupère ma petite soeur du temps.

Ne la laisse pas vivre, Ah ma mère mourrait-elle, Pèreest
   certainement allé dans la tombe. Mon Dieu! où était
Pete ? Namet vous de ma petite soeur Sissy Aussi mes
parents par moi off.'

Il interrogeait la prière.

Que servira mon cœur reconnaissant aux bons que Dieu vengera ?

Il a interrogé la prière

Mes sœurs sont en bonne santé. Dieu a entendu
ma prière ! Et a jusqu'à notre joie ma douce
petite soeur sauvée.

Que rendra mon cœur reconnaissant au bon
Dieu ? Comme ce grand Un Dieu veut Que les
remerciements soient par Un enfant ?
Oui! Père dit que Dieu est content de cela, Dies
dois-je sa louange, je suis déjà jeune, pour faire
rapport.

C'est un enfant tendre.

Bon dieu! oh laisse-la vivre Jusqu'à ce que le mien

profite jusqu'à ce que ma joie,

C'est un enfant tendre

N'honorerais-je pas ma mère, Ah qu'est-ce que je nefais
pas pour moi ?

A quoi me sert j'apprendrai peut-être;Ben j'en rigole,elle
est contente.

Suis-je malade, je l'entends se plaindre; Et quandelle
m'a assis

Avec un œil levé haut, que je crois, qu'elle prie.

Oui que prie-t-elle, que j'ai bientôt Libéré sont par le
mien intelligent:

Si je vais mieux, avec quelle joie
satisfaire est son cœur.

Je l'aimerai toujours, Faisant toujours, ce qui lui plaît.

Je ne veux jamais commencer quoi que ce soit Là-bas,
ma mère se plaint.

Je l'appellerai avec révérence, Si elle descend danssa
tombe.

Et louez la bonté de Dieu pour toujours, que m'a
donné une telle mère.

Bon dieu! eh bien laisse la vivre
A mon avantage, à mon plus grand plaisir, quel

tristesse que cela me donnerait, elle à manquerdans
ma jeunesse.

L'insouciance.

Une heure par insouciance Peut faire pleurer
cet homme des semaines.

L'insouciance

Voir Keesje! ce moustique mort Volait si
joyeusement et si vite, Mais c'est par indifférence,
Qu'il est maintenant mort sur l'ardoise de la table.

Il avait un tel sens à la lueur des bougies, Et s'yest
envolé avec insouciance.

Maintenant est-il là-bas; mais il est en congé ; Il n'y a
pas de conseil pour le moustique maintenant.Il s'est
trompé sur les apparences.O! laissez-nousceci
jusqu'à ce que nous soyons
apprentis, Qu'avant de faire quelque chose
d'important, Il faut réfléchir longuement. Une
heure par insouciance Peut faire pleurer cet
homme des semaines.

L'oiseau sur le tabouret.

Mon oiseau, ah ! me condamne.

L'oiseau sur le tabouret

Il est six ou sept heures avant l'aube,
Que j'ai ce rouage cisje par Klaas Pin oiseau
homme;
Et bien qu'au début j'aie dû déplorer mon ennui,
Maintenant il n'y a nulle part non, Que mieux
voler peut.

Comment pourrais-je progresser si j'aime cet
éducatif utilisé pour être s'il !
Mais j'en pleurerais presque. Mon oiseau, ah !me
condamne.

Je veux me comporter comme ça avant alors,
Que, honore-je jusqu'à ce que joue
arrange, je puisse me demander sans crainte :
Qui y apprend mieux, lui ou moi ?

Deuxième suite des enfants Kleine gedigten, par
m. JOSH DOUGLAS.

Chez moi petits lecteurs.

Possible est-ce le dernier paquet ;

Chez moi petits lecteurs

Ne dites pas, mes chers coins, Que . toioublie;
J'ai quelque chose à te donner Une heure seulement
    temps passé.
C'est peut-être le dernier paquet; Fait parti! vous enavez
    aussi assez. c'est
    dans son nombre pas commode; Et pour
    les plus gros c'est quoi tôt.

Lisez peu, bien et souventApprends-le mieux, à votre
    rythme : Vous
obtiendrez de plus gros livres, Si vous aussi ce qu'il y
    a de plus gros.

Johnny et son lapin.

J'ai peu de ce cher animal à acheter;

Johnny et son lapin

Là-bas voyez moi Un lapin !
Qu'est-ce que k heureux
sont, Si je l'avais pour marcher dans notre
jardin, Dit Jan : mais beau k
mine d'argent Déjà trois fois ont
compté, j'ai trop peu pour acheter ce doux
animal ; Et beau moi ça Allons-y de boncœur, je
ne connais pas de conseil ! ...

* **

Bien! alors laisse-toi apprendre cette affaire,
Mienne chère Jan !
Qu'un enfant sage ne devrait pas convoiter des
choses, Qu'il sait à l'avance, qu'il ne peut pas
obtenir.

Guillaume qui chante.

Dieu, s'écria-t-il, est si bon, que je dois le louer !

La chanson de Williammorning

Singing En montant le soleil William
était-il assis à un puits, De bon cœur,
pour chanter; Il avait passé
la nuit dernière. Et ne pouvait plus le
contenir. Dieu, cria-t-il, est
comme ce bien, que je dois louer !

Créateur puissant ! Je te dois, que je me suis réveillé
 sain et ravi.
Sage souverain ! Je dois à Jésus que je te connaisse enlui
 d'abord par ma jeunesse.

Louez-vous le matin, je vous honorerai aussi, Quevous
 me gardez avantageux de vivre;

Louez le matin, oh qu'il m'apprenne, Saint et
 satisfaisant à vivre sur terre.

Être diligent, obéissant et joyeux, c'est moi jusqu'au
 bénéfice et c'est ton commandement.
Gentil Créateur ! qui ne te craindrait pas ! Qui
 tu n'honores pas, Dieu tout-puissant !

De toi seul je dois tout attendre ; Qui est si vousêtes
 assez et doux.
Aujourd'hui, j'observerai vos lois; là-bas, vous aussi,les
 enfants à bénir veulent.

Le petit chanteur.

Elle cheval souriant voix et cordes ;

Le petit chanteurChanson du soir La lumièredu
soleilA commencé Alreê
à languir; La Lune
Ving On
Pour
briller aussi propre que jamais; Quand cher
Cris, Une fille, je suppose De huit ou neuf ans,
Sa petite
cithare a pris, Et houblonnant
l'abeille m'est venue; Elle a combiné en riantla
voix et les cordes; et a chanté la chanson
joyeuse du soir, que vous voyez ici désabonné.

Que le soleil brille sur elle Dans l'Ouest faisant des
vallées,
    Cela ne me rend pas intelligent. Dieu aussi
Créa la nuit du Pin pour dormir, Meurt en fait
l'éloge de mon cœur.

Comme il peut être sombre, pas besoin d'avoir peur
    Au cœur de la nuit. Dieu prendra soin de
moi Jusqu'à ce que moi le temps
demain joyeux s'attend.

Aucun chagrin ne me rendra nu;
Dieu veut que je garde,

Je suis déjà un enfant.
Dieu montre, à travers moi, la vie et la nourriture à

donne,
comme il m'aime.

Le scintillement étoilé l'égayait dans l'obscurité ;
     La lune brillante Commence sur le pâturage Son éclat à se
répandre, Et joue à travers le coup.

Même si vous ne voyez pas les couleurs, les hommes
deviennent ensemble À travers les odeurs
     Rafraîchies partout où l'on va. J'entends même dans leslilas
le rossignol du pin chanter, Et il a frappé la caille.

puis-je vous élever, Que de fermer mes yeux Ne vous
     inquiétez pas, ô mon Dieu !
VOUS honorez de donner, et
reconnaissant de vivre, est-ce beaucoup de bonheur.

La mauvaise peur.

On n'a pas besoin d'avoir peur, Si l'homme a l'intentionde faire en colère.

La mauvaise peur

Keesje a vu à un certain moment des Juifs marcher,
Vers quel âge ! quel vieux ! à
    l'achat ; Il s'effrayait, oui, pâlissait d'effroi ; Il a rampéet
s'est mis à pleurer. Pietje s'est moqué de cette miseà
l'abri; Et dit en riant : fais si moi !

Kees a dit : ne seriez-vous pas alarmé, si vous leur
demandiez à un moment donné d'appeler ?
    Non, je peux, dit alors Pietje : Pourquoi aurais-je
toujours peur ? Les hommes ont besoin de mal
s'inquiéter
des orphelins, Si l'homme a l'intention de le faire.

L'amour jusqu'à son pays natal.

Et, je deviens parfois un homme,
Comme cela sont utiles pour ce pays, si je ne
peux qu'être

L'amour jusqu'à son pays natal

Je ne suis déjà qu'un enfant,
pourtant ma patrie est la plus aimée de moi ;j'y
suis devenu né ; j'y
ai à boire et à manger; J'y aipermis
l'éducation. Entendre

des maîtres sages. j'y ai des parents, des amis,
que j'aime de tout mon cœur; je peux yvivre en
toute sécurité;

C'est pourquoi je me montrerai reconnaissant;Et,
je deviens à un moment donné Un homme,
Comme ce pays est utile pour lui, si je ne peux
qu'être.

Les gars végétariens.

Ha! aucune folie n'est si grande, Que de balayer sans besoin.

Les gars végétariens

GIJSJE
Réglons cette querelle, Au moyen de quelquefois
courageux ensemble au balayage !

CLASSE
je ne veux pas; Je n'ai aucune envie de battre;mais
laissez-nous un père désagréable
pour aller; je ne veux pas vous offenser; Père a
permis au verdict de se lisser.

GIJSJE
Garçon lâche, sans courage !

CLASSE
O ! pense d'abord à quoi faire.

GIJSJE
k Barrel tu es bientôt la robe:

CLASS
Attendez, je me défendrais alors; k Ben Commeça
min peur si vous.

GIJSJE
Est-ce là où, venez qu'elle!

CLASSE

Non : Je veillerai à cela ; Mais votre menacer ici a
oublié.
Ha! aucune folie n'est si grande, Que de balayersans
besoin.

Ici, elle est devenue dérangée.
Mon adorable papa l'avait bien entendu.
Lui qui était un guerrier, et souvent dans sa vie De
sa politique et de son courage avait donné de
nombreuses épreuves, Dit que c'est le meilleur
héros ; il a le plus grand courage; Ce balayage courageux
peut, mais il ne le fait jamais inutilement.

Il tempête.

Comme c'est beau de tirer là bas l'éclair !

Il tempête

Comme la foudre tombe magnifiquement là-bas !
Comme roule majestueux le tonnerre !
Les nuages se rassemblent, ou dérivent çà et là ;
Pendant que j'y suis déjà, redoutable Seigneur
Céleste !
Admirez Votre Majesté.

Maintenant c'est passé : Un air
frais Entoure-moi où que j'aille, et fais chanter les
oiseaux. J'en vois de nouveaux briller sur l'arbre, le
champ et le fruit ; Mais, Dieu
éternel ! vous continuez, même dans vos bénédictions.

* * *

Que vois-je, Chat ! comment, tu trembles? Ah veux là-bas
jamais par peur ! c'est un cadeau,

que Dieu nous donne, et donc, chère
fille, devait être satisfaisant Caatje.

La petite Claar bee
la peinture de sa mère décédée.

Cet être doux et souriant,

Little Claar bee la peinture de sa mère décédée

Quand je me suis assis Calmement contempler l'imageParma chère mère, Puis mes larmes
roulent Régulièrement sur les joues. Cette créature douceet souriante, Où la piété et la sincérité la grâce et la joie Comme ceci sont terminées, Alors faites-moi pleurer amèrement, Parce qu'elle doit me manquer; Je - encore pas neuf ans.

Qu'est-ce que je n'ai pas eu pendant des heures Assis
avec elle avec profit, Quand ils me jouent, It An et d'autresont appris.

Mais je me souviendrai toujours, comment elle m'a laissé mourir
Car il dure encore parfois embrassé.

Je ne peux pas y penser Et je le fais ensemble Commeça s'il vous plaît.

Quand elle a dit : « ma chère petite Claar ! Ta mère
mourra bientôt, Et se séparera de cette terre, Pour queles anges du Ciel se réjouissent de vivre ; Alors écoutez mes derniers mots, et donnez-moi un dernier baiser.

Honore Dieu, aime ton père ! Grandissez dansla
vertu et la sagesse ! Et soyez heureux de

vivre, Apprenez tôt la haine des péchés.
Mais avez-vous déjà fait du mal, qu'il faut avouer
généreusement ; Et
Dieu à Jésus feras-tu un don de pardon.

Mais regarde, mon petit Clara ! Sur le sol, pas
encore,
Vois souvent le paradis des pins désagréables, Et
dis - c'est là que vit ma mère. ah, j'ai vu aprèsta
mort mon enfant y
apparaître aussi, comment pourrais-je me réjouir.

Et remercier Dieu respectueusement. Pour toi,
mon cher Claartje!Est aussi le ciel Ouvert.

Mais oh bien; ma douce fille! Je sens la mort
approcher Et ne peux plus parler.
Adieu, adieu, Claartje ! Là-bas, faites-lui un
dernier baiser !

je suis descendu en pleurant; Et ça a duré

quelques heures, ou ma mère était morte.

Quand je suis maintenant assis
A l'image de ma mère, se souvenant

sa mort, Que me roule fermement
Les larmes qui coulent sur les joues.Que vois-je
Désagréable Pin paradis, La maison de
ma mère; Que j'appelle, pleurant amèrement, ô Dieu,
avez-vous Cette mère À moi Comme ce débutprivé, Je
ne dois pas vous
réprimander, Combien je l'ai regrettée; Non, tu es
sage et
saint, puis-je t'aimer, Mon cher Père honneur, Et
prendre les leçons de la mère, Alors je mourrai avecmoi
Abeille VOUS et mère venez.

Qu'est-ce que cet être bienheureux !

La rose fanée.

Le Créateur, qu'il nous appartient de craindre,
Devient A travers le lit jamais loué.

La rose fanée

Pourquoi la rose se fane-t-elle si vite ? Dit
Jantjen : oh ou c'était autrement !
Dieu était aussi, je pense, plus loué, Zoo il s'estlevé
plus longtemps Resté dans l'être.

* **

Bien que vous pensiez voir clair, mon cher Jan !
C'est comme ça non.
Le Créateur sait mieux que tout, pourquoi il doit
tomber si rapidement ; Et veux aussi, dat montres,
Comment la race terrestre belle périt.
Le Créateur, qu'il nous appartient de craindre,
Devient A travers le lit jamais loué.

Sissy bee Il clavecin.

Si seulement je pouvais apprendre, j'ai fait de mon mieux si vous.

Sissy bee Il clavecin

Ces belles tonalités me plaisent alree ; J'aidéjà
quelques années,
j'adorerais chanter. Quand mon frère aînéOn lui jouedu
clavecin, Puis il me demande, moqueur, Ou
ne m'ennuie-t-il pas en course ?

Que dis-je, cher garçon!
o S'il vous plaît, jouez longtemps pour moi ! Puis-jele
faire
aussi mais apprenez, j'ai fait de mon mieux comme
vous. Avant-hier était mon anniversaire,
Et ma mère m'a alors demandé, Ce que je convoitaispar
elle; Je lui
ai d'abord donné un baiser, Et j'ai dit : ma douce
maman !
Fais-moi cette faveur, Que j'ai permis d'apprendre
à
jouer, Et de chanter pour les arts. Elle m'a pris en elle
bras,
Et dit: dans la nouvelle année. Maintenant feu je
par
désir, Ah est venu le maître mais.

* *
  *

La jeunesse est impatiente de jouer et de chanter utile
dehors,
Et est-ce qu'on est fatigué d'apprendre, que ça donne ça

son doux

Encore une nouvelle luxure et force; Comme ça vit
    homme heureux et doux;
Et évite joyeusement la compagnie, Qui erresouvent.

Il sage réponse.

Il a sur nous la loi de l'amour uniquement,

Il sage réponse

Vous me demandez pourquoi j'obéis à Dieu ;
c'est donc que je le montre et que jele
reconnais bien.
Il nous a donné sa loi par amour seul, Sur
cela Nous voudrions vivre avec plaisir et joie;
Et déjà ce que nous interdit Cette loi,N'est,
quoi qu'il en soit, pas à notre avantage,
Vouloir à quelqu'un qu'être

heureux, Ce Dieu obéissant en cuir à la peur.

C'est connu.

Je n'ai jamais plus de plaisir que lorsqueje
fais mon devoir.

C'est connu

Je n'ai jamais plus de plaisir que lorsque jefais
　　mon devoir.
Ensuite, la nourriture a meilleur goût; alors je
　　peux sauter joyeusement;Et des
chansons heureuses à chanter; Mais si je suislent
　　ou méchant, je ne suis
pas à l'aise ; puis je prends conscience en
　　permanence blâmé,
Que je suis un slutcake, et que je ne serai
　　jamais un homme,Zoo faisant, devenir can.

Une lettre de Carl On
sont petite soeur Caatje.

C'est pourquoi je parle sur ce papier.

Une lettre de Carl On sont petite soeur Caatje

Sœur chérie! Je te ferai savoir, Que depuis ton départ, jesuis assis dans ma

chambre Chérie ! d'un torticolis.

Bonjour, je t'écrirai un jour, parce que çaest
encore comme ça sombre,

Que je dois toujours rester à la maison, Et que ça negoûte
pas à la durée du sapin.

J'ai pas mal de choses à vous dire ; je pense souventqu'elle
était ici !

Mais cette réflexion ne sert à rien, C'est pourquoi je parlesur
le papier.

Il faut écrire, dit Papaatje, pour un peu comme ça, si ou
l'homme parle; C'est

pourquoi je vais, cher Caatje, TU racontes, comment çame
va.

J'étais grincheux au début, que ClorindeYOU par maisonet de
zig a pris; J'étais

content qu'elle t'aimât, Mais qu'est-ce qu'il a somnolent à
Amsterdam, lui ai-je dit, si

elle est restée ici ; Je voudrais qu'elle

soit ma meilleure photo pour une donnée du nouvelan;
Oh, nous sommes tellement

habitués à être ensemble. Mais ce qui a déjà aidé àse
plaindre, la sœur de Cat était partie:k

Turn meurt, dans quelques

à l'aube,
  nettoyez par nécessité, allez-y lentement.
là-dessus, à travers moi en sueur à la

marche, j'ai un esprit froid et lourd;

J'ai dû payer cher pour jouer, ah, qu'est-ce que j'ai eumal
?
Je ne peux pas manger ceci, puis cela; k a dormi aussi
parfois pas par la douleur ; Et
je souhaite savoir en permanence, Ou Ila
fait serait.
Je n'aimais pas lire, écrire, Oui même dans les miens
imprime pas ; Et
rester au lit si longtemps m'a donné à chaque fois
beaucoup de tristesse.
Père voulait me divertir; La douce mère a fait ce qu'elle apu ;
Mais ils ont dû s'arrêter
immédiatement,k Utilisé pour être déjà fatigué d'honneur,
j'ai commencé.
J'ai eu peur que ça ne marche jamais Et quand j'ai
vide marre, Ai-je
eu de très mauvaise humeur, alors que je n'avais plus de
patience.
J'ai dit à la fin - que l'être vide peut s'entremêler
ne sont jamais avantageux.
j'ai pris un livre; je suis allé faire un peu de lecture; Et je
ressentais moins de douleur.
J'ai aussi commencé à écrire Et quand j'ai vu des
impressions, Pourrais-je rester dans ma chambre, De
divertissement, Le jour de la guérison du pin.
Père m'a vu une fois commencer un petit dessin,

Ma chère mère est entrée là-bas, pour voir comment ça
s'est passé pour

moi. k Autrefois, elle ne le voyait pas, bien en paix;
Je n'étais plus grincheux comme avant ; je parlais
maintenant et plus que jamais de

l'hydromel ; Je n'ai pas dit oui ou non . Comme ça usé
Je gansche à l'aube,

Propre, mais pas récupéré, mais ce mordantet
qui se plaignent,

Ne m'a pas tourmenté depuis.peut
plus arriver, Que

je ne suis pas prospère; Mais
je pleurerai moins, Comme je le faisais plus là-bas.

Qui peut se conformer à la volonté de Dieu, (dit-il)
avec un esprit tranquille, Goûte à la maladie mêmeau
plaisir ;

Dieu est toujours spectacle et bon.

Adieu maintenant, chères filles! N'importe quelle maison en nous
désirs,

Cela met fin à vos voyages, si vous recevez cette
lettre.

Les hirondelles.

..... qui s'appelle d'abord à droite sont desdivertissements à vivre.

Les hirondelles Une narration

Kees irait à l'école pour la première fois,

Mais l'habitude d'être le laissez-passer de trottoir a démissionné,

Ou pas shin, il avait l'habitude d'être pas bien à paix;

Et resta un moment, la tête haute, dans l'étonnement. Il a vu les hirondelles comme

cela flotte encore et

encore, Et dit, cela s'appelle vivre d'abord

selon son plaisir. Un homme Ce zig dans larue a trouvé,

Et Keesje a compris ras, l'a tiré, souriant déjà, quels côtés ter; Et dit, tu ne sais

pas bien qu'ils doivent faire cela, Ils attrapent des mouches pour nourrir leurs petits, Qui autrement affamés devaient souffrir.

Appelez-vous cela un mauvais divertissement, non, Keesje ! c'est faux Mais savez-vous ce qu'est ici pour vous apprendre?

Ils peuvent, à travers cette ascension joyeuse, A vous Un exemple à

donner, Comment faire son travail avec diligence et joie ; Et qu'il est laid, si l'homme le force à le faire.

* * *

Je marche à l'école désagréable, a déclaré Kees :Cette leçon est certainement bonne !

Le soleil.

Combien grand Dieu ne doit-il pas orphelins !

Le soleil

Quand je vois le soleil briller, Celui avec ses doux
rayons Que cette terre chérit joyeusement;Sur cela il
y a des épices à faire pousser, Pour nourrir le
bétail et l'homme; Que la lumière nous fait jouir, De
travailler heureux, Et de vivre heureux ; Que
pense-je, de l'adoration, Combien Dieu doit être
grand ! Ce Soleil a-t-il créé !

Et ça sort de l'amour unique !

C'est un cadavre.

Mes chers enfants, n'ayez pas peur, Quand
vous les morts voyez;

C'est un cadavre

Mes chers enfants, n'ayez pas peur, Quand vous les
morts voyez;
    Est-ce que vous trembleriez devant des cadavres ?
Viens ici : cet homme pâle et froid, Que sentir, voir, ni
appartenir ne peut, Ne tient
plus à vivre.

Il pense et travaille - oui plus que vous ; Mais d'aucun
corps Comme ça si Nous.
L'âme est loin par le sol.
Ce Dieu qu'il a ici craint, c'est qu'il est mort ; Et tient ce
cadavre en valeur.

Déjà l'âme est-elle débarrassée de son corps, Bien que le
cadavre descende dans la tombe sombre, Il ne faut pas
que tu fasses de la glace.
Croyez-le, bon Dieu Est-ce que même ce vilain excédent
Beaucoup
de choses plus propres surgiront.

Ah, chers enfants ! alors ne dis pas : Qu'est-ce que c'estque
mourir Une tristesse !
    Puis-je vivre éternellement ! Quand tu aimes et sers
Dieu, Que tu accomplis les morts, si Un ami, En lui pour
toujours heureux de
vivre.

Et quand le dernier jour viendra, Que ce corps,
qui se trouve là-bas, montre la
météo vivante de Zig.
Ensuite, les anges naviguent d'en bas VOUS
chantant Unpleasant Pine Tree Heaven to, Toever
there at live.

Mes chers enfants, ne vous effrayez pas, Quand
vous les morts voyez; Est-ce
    que vous trembleriez devant des cadavres ?
Dites plutôt joyeux - cet homme, Qu'ici pour ne
pas voir ou
entendre peut, Autorisé dans le paradis des pins à vivre.

Il nids d'oiseaux.

J'ai maintenant, dit-elle, mon désir :

e nid d'oiseauUne narration Mietje

avait une fois, en marchant, Un nid d'oiseau caché

Dans Une haie d'épines l'a trouvé.

J'ai maintenant, Zeize, mon désir : O Comment vais-je me

divertir, Avec ces doux petits animaux ! Je rentre chez moi chercher des portées de To this à ranger.

Mietje a marché et a vu sa mère, qu'elle a dit en haletant :

Chère Mietje, dit la mère, Dérangeant tog jamais Nid d'oiseau !

Pensez juste, comment les oiseaux antiques pour cette perturbation pleureraient ; voudrais-tu, Sissy douce, ne pleure pas, Si l'homme vous, de Pete et Jeez,

Transporté contre son gré; si chère, ayez pitié, dece vieux chers oiseaux!

Ne cherchez jamais votre plaisir de toute façon Dans la tristesse d'Un autre.

Non, dit Sissy, chère mère !

Non pas ça! mais écoutez-la pleurer; Ah elle d'avoirune telle faim !

Ne pense pas fille, dit la mère, que

ils pleurent juste de faim. Ah, elle mourrait
certainement,
si tu les nourris si longtemps, jusqu'à ce qu'ils ne
puissent plus crier. Mais si tu veux t'amuser, et
voir comment les anciens se soucient d'eux d'à
donner, Si les animaux ont besoin de vous mettre
mal en Silence plus bas, Et vous

remarquerez bientôt, Qu'ils soient des mouches,
des moustiques, des vers À attraper et en elle dela
litière à
prendre. o Le bon sage Créateur Aime ces oiseaux
Parents, s'ils vous sont donnés : Ceux-cisavent
toujours
mieux, Ce dont les enfants ont besoin Parce
qu'ils aiment le plus. Oui ils ne manqueront jamaisDe
les soigner tendrement ; C'est pourquoi leur Dieu a
créé l'amour pour leurs petits ; Et vous ne devez
pointer l'être,
Que le bon et le bon Créateur.

Mietje écoutait sa mère; Mais souvent allé voir
zagtkenTo la croissance du garçon, Sans qu'il ne
dérange jamais.

flippy, le père et le jardinier.

Ton père a de bonnes poires s'il te plait :

Flippy, le père et le jardinier

RETOURNER

Eh bien, pourquoi taillez-vous les arbres, dites loyal
    Pete ?
Là où ces brindilles porteraient des fruits, égales
    voit.

LE JARDINIER

Un arbre qui porte trop perd sa force ; Le fruit neplairait
pas non plus, si vous vous y attendez.
    Ton père a de bonnes poires s'il te plait :

LE PÈRE c'est
bien dit : Et la
part de ceux qui convoitent trop Est par le mal.

La solitude.

Ce divertissement a lu, n'a pas besoin de
solitude à la peur,

La solitude

Ne pensez pas, chers camarades de jeu ! Qu'il esttemps
pour moi de
    faire mon deuil, Quand je me suis assis seul hier. Quele
divertissement a dans Il a lu, Ne
craignez pas la solitude Mais est toujours bien à
    aimer.

Père dit que, bonnes gens souvent désagréables queles
heures souhaitent; vont souvent
    dans leur chambre, Dans les anciens et les nouveaux
livres, les classes de mode recherchent:
Et cela me tient miracle.

Je voudrais être sageEt je deviens aussi S'il vous plaît
loué, dis-je, comme
    il vient à moi: Faut-il donc savoir beaucoup,Beaucoup
d'heures encore portées, Bienvenue! accueillir! solitude!

annexe
Collaboration entre Jacob et Henry

HENDRIK Tu

sais que tu ne cours pas, et houblon cependant ravi.

JACOB

Qu'est-ce qui m'a appris ?

HENDRIK

Qu'est-ce que ça m'apprend? Vous pouvez craindre votre Père.

JACOB

Serve puis-je bien lire.

HENDRIK Il

vous a dit récemment encore, que vous êtes un niais.

JACOB

Oh ! Waouh ! J'ai encore le temps.

HENDRIK

Mais si vous êtes plus gros, vous ne risquez pas d'ennuyer.

JACOB

Cela ne vous dérange pas.

HENDRIK

Beaucoup de; Je t'ai douce, et c'est pourquoi j'ai
peur.

JACOB

Tu es un petit malin ; entendre!

HENDRIK

Maintenant, ce ne sera pas ma dette, vous obtenezpar
Père de réussir.

JACOB

Tu ne le porteras pas non plus.

HENDRIK

Et cependant, ne voyez pas S'il vous plaît, que
COOSJE pour réussir obtient.

JACOB

marche, stupide garçon ! silencieux.

HENDRIK

viens, range ton péage de bite, et reçois à tempstes
livres.

JACOB

Je dois là encore Désagréable à chercher.

HENDRIK

Eh bien vous avez alors ; donc pas, que vientge
clair au congé.

JACOB

Oui, demain ! Meilleur ami!

HENDRIK

Adieu que; c'est mon temps. Je ne veux pasêtre
museau d'os.

JACOB

Eh bien, je n'ai rien à craindre.

HENDRIK

Joue que, tant que tu le désires : Tu es un fils
stupide.

JACOB

Qu'est-ce que ça fait que cette piqûre est belle !

* * *

Enfants, que ceci est en train de lire, Wien vousloue
le plus ?

Le chien qui grignoteUne narration Un jeune
homme a vu un chien de pin Qui dans la
bénédiction ses seigneurs se tenaient
Snap un poulet pris. De cette façon, il

pleuré, ce moment est mon opportunité la plus
mémorable; k Avoir votre karma actuellement longue
jalousie; Tout à
l'heure, je vous applaudirai comme il se doit. Oui,
faites-vous réussir, jusqu'à ce que vous vous couchiez
précédemment en pleurs.

Rapidement, il se rend chez son père, Et cherche,
qu'en haut, que je suis, Jusqu'à
ce qu'il soit incapable de se détendre. Au moment où à
la fin il a vu son papa, Quand il s'est mis à pleurer :'Père
! d'accord!
Ne paierez-vous pas, Lizet, maintenant ?
Ce canidé que tu aimes tant, Qui prend pourtant tout ce
qu'il trouve.

Ce poulet que ma Maman a acheté, Tandis que ses
compagnons l'avaient mentionné, Pour manger avec
nous ce soir, Lizet l'a suivie jusqu'à l'étable; Il avait, le
montant que j'ai crié, à partir de maintenant Mangé
profondément.
Cette carte épouvantable a absolument des facultés,
qu'il est vos chers chiots.

Le papa, qui a entendu l'enthousiasme, Par lequel le
gamin jusqu'à ce qu'il vienne,

Aussi, jusqu'à ce que l'amertume ait entendu,

Que PIETJE s'étend parfois avec des
lamentations, Et bientôt le châtiment ou
l'envie
du Zoo précipitamment jusqu'à ce qu'il soit
venu, Lui a dit : 'Délicieusement, mon
PIETJE, délicatement ! Avez-vous bien
réfléchi à votre cas ?

Lizet a Sûrement horriblement fini, Et k
serait-il sans incertitude à battre,
Pourtant, je t'ai vu marcher si furieusement,
Zoo colérique, que ton père
craint, Ou d'un autre côté tu n'es pas

furieux; Je n'ai aucune idée ; Je préfère nepas
faire confiance : Pourtant, fais-moi
savoir si tu es épuisé Que de temps en temps ton père en

Nous PETE se taisait : - il a eu peur, Et ça
shin, il avait l'habitude d'être conscient de
l'obligation ; On
pouvait voir la réponse sur ses joues.
'Cependant, Père !... en effet mais...' alors,à ce
moment-là, il exprima à haute voix :
'Qu'avait-il de plat en faisant ?
Il préférerait de beaucoup avoir des lapins.
Au cas où je commencerais ce qu'il a fait,
alors ma discipline était bien préparée.

« Viens, dit le papa, écoute, Piet !

Actuellement salade je ne le fais sans aucun doute pas ;
C'est par envie que vous venez le dénoncer ; C'est
de la jalousie, Pete ! puisque ce monstre Moi est parfois
jusqu'à ce que le détournement ait été.

Ne pourriez-vous donc pas le supporter ? Ai-jeà
un moment donné adoré cette créature ?
Simplement au cas où vous?. Fie ! jeune furieux !

PIET eut l'air humilié, mais versa une larme.
Les passages parlés sont le père, ainside

suite : "Celui qui est furieux répand

constamment le mot, supprime également le
bonheur de leur désespoir, mais ne parlera
jamais jusqu'à
leur avantage : en effet, au cas où il les chérirait,
Gunt il leur lumière dans les yeux pas.

N'est-ce pas un tableau délicieux ? Qui a
carrément ? Moi, PETE ! ou au contraire vous ?

Avez-vous besoin d'être encore plus furieux ?'... PIET
était découragé, délicatement renversé ;Les
hommes ont entendu A craps encore sangloter,
En outre, à ce sujet dans LA FIT lu.
On dit que jamais une telle objection à travers
les conditions météorologiques de PETE

devenu   livré.

Épilogue
Histoire d'origine

Vers le début de 1778 le distributeur d'Utrecht
Van Terveen distribua * un groupe immatériel,
nommé Proeve van Kleine Gedigten voor Kinder .Il
contenait 24 sonnets, qui, bien sûr, n'occupaient
généralement pas plus d'espace qu'une page
imprimée en octavo. Les contours étaient
absents, tandis que la feuille de couverture n'était
pas le nom du créateur exprimé. Quoi qu'il en soit,
il y avait un court avant-propos, dans lequel
l'obscur écrivain est visé. Il se rend compte qu'ilen
a dit, en termes savants, peu de popularité.

Pourtant, lui, étant lui-même père de petits
enfants, avait besoin d'eux et d'autres enfants
âgés de cinq ans et quelque chose de précieux
dix   et à la fois compréhensible à lire à
donner comme cela aux Pays-Bas n'était pas
auparavant tenté et essayé.

Quelqu'un pourrait-il rapidement spéculer sur
l'identité de cet écrivain inconnu pour jeunes?
Pour chaque situation, la dernière option était
absolument mélangée dans

croire qu'il gérait de telles strophes de base supposerait peu de reconnaissance. Allant à l'encontre de la norme, ce sont les principaux sonnets de sa main qui restent dans la mémoire du public néerlandais et qui portent le nom de Honey Bee It extraordinaire crowd living to have hold.

Lang a la vulnérabilité de l'initiation des Proeve van Kleine Sonnets for Kids, car il s'avère qu'elle n'a pas résisté à l'épreuve du temps. Depuis toujours à peu près à la même époque 1778, Van Terveen a distribué un Spin-off avec 22 sonnets dans un style similaire, encore une fois sans représentation. Cette fois, néanmoins, l'auteur a fait passer le mot si m. JOSH DOUGLAS ..

Le conseiller juridique d'Utrecht, Hieronijmus van Alphen, avait une trentaine d'années. † Entant qu'homme de lettres, il s'était fait un nom dans un cercle restreint par quelques tas de vers éclairants et quelques compositions scientifiques.
Social et secrètement de toute façon il n'avait jusqu'à présent pas beaucoup de karma

* La Koninklijke Bibliotheek de La Haye
est sous enseigne. 133 M 43 un sur 1943de
la chronique Terveen a obtenu un

assortiment de 244 nos. de
'Correspondance et autres pièces

concernant la version par [.s] au travail,
principalement par Little Sonnet For
Youngsters '. Elle couvre la période
1793-1872.

† Large à ce sujet et travail : JOSH
DOUGLAS 1973.

connu. Avocat sans entreprise, était sa
jeune épouse le 13 août 1775 Johanna
Maria van Goens décédée en travail. Ellele
fit abandonner seul avec trois jeunes
hommes : Jantje (immergé le 7 février
1773), Daniël (sanctifié par l'eau le 11
septembre 1774) et Hieronijmus (immergéle
20 août 1775). Cela encadré par la pré-
déclaration au Proeve van Kleine Gedigten
"maintenant juste et le plus

grand plaisir". Pour eux aussi, ces sonnetsde
jeunesse ont d'abord été composés.
De plus, l'étude et les vers ont donné
l'interruption fondamentale, par laquelle
sont frère par mariage Rijklof Michael de
Goens (Un frère par le mort

'Johnny') it Please de côté se tenait si guide dans l'écriture européenne de pointe.

Comment peu fiable. lui-même à cette époque compris tourne le plus clairement ses enquêtes composées pour l'examen de caractère à Johann Kaspar Lavater à Zurich, Que quand pour la moitié de l'Europe en supposant que le spécialiste s'est produit. Quoi qu'il en soit, l'homme bien connu répondit en 1777 avec froideur; il avait auparavant tant de correspondance à diAu bout d'un an, Van Alphen lui-même était une superstar : à la fois en raison de sa distribution en 1778 de l'hypothèse desarts et des sciences expressifs (le premiermanuel néerlandais sur le style actuel) * comme en étant "Vaersjes voor Kinder", sur la base de laquelle Betje Wolff l'a appelé «l'un de nos virtuoses et meilleurs écrivains les plus mémorables» † référencé.

Une réédition de ses deux collections de sonnets pour enfants est maintenant apparue après les autres, dans le but quele distributeur By Terveen dix enfin de la numérotation s'arrête pour être le rythme de diffusion de l'opposition mystérieuse à tenir. Cela n'a pas aidé beaucoup, au motif que avant longtemps, il existe également une large gamme d'empreintes de cambriolage. Cela pourrait passer entre les mailles du filet puisqu'il n'y avait pas de droit d'auteur à ce stade.

Plus regrettable était le citadin apparenté de Van Alphen, le maître en chef Pieter 't Hoen (1744-1828), qu'il a immédiatement imité d'Un nouveau préliminaire de Klijne Sonnets For Kids écrit en 1778-1779 par Samuel de Waal e,t G. van cave Edge Jansz. s'est présenté à Utrecht. L'ensemble comprenait six "morceaux" d'un total de 126 sonnets. Assez hypocrite l'a-t-il fait pour l'empêcher de passer en revue ou est-ce que l'enfant n'a plus la possibilité de le surveiller ? Grâce à Van Alphen, il a garanti la poursuite de son Proeve afin qu'il puisse le fai,re sans l'aide de personne. Les sonnets pour enfants étaient battus. De même cette usurpation d'identité a connu une chance inouïe : le premier morceau en a connu quatre, le deuxième morceau trois et le troisième morceau deux. Eh bien une preuve que l'homme assumant l'artiste des enfants en 1778 sur Une veine d'or épuisée.

. est d'ailleurs par cet échange entier aucun pointeur penny devenir.

* Voir pour ce point de vue Jacqueline
l'homme 1998.

† Coupe E., se marier. A. Wolff, Goût de
l'enfance La, Haye d'Amsterdam 1779, p. 59.

Il s'est déchaîné gratuitement au cas où le
hack check deviendrait et merveilleux juste
dans son travail de compagnon d'enfant,
comme en témoignent les paroles
mélodieuses du prélude de son groupe suivant :

Les larmes coulent de mes yeux, chers
enfants, au cas où vous me demanderiez de
plus de vers.

Cependant, la réalisation renforce également
l'intérêt pour plus, dans le but que Van Alphen
a rejoint de manière proactive la distribution
par ce groupe suivant rapide impliqué au
besoin de s'excuser. Ce n'était, a-t-il garanti,
pas la moindre hésitation que ses lecteurs
attendraient si longtemps pour qu'un spin-off
ait l'air. La question était que
le verset lui-même ne force pas

laisser. En tant qu'écrivain, il devait essentiellement tenir le coup jusqu'à ce qu'ilse retrouve dans l'état dans lequel il était composé pour la première fois.

Puis, à ce moment-là, il endura spacieux à long terme, jusqu'en 1782, l'honneur . de A Second Continuation of the Little Sonnets for Youngsters est apparu. Ce troisième groupe comptait vingt sonnets, par lesquels il ouvrait la strophe « Chez moi, petits lecteurs » min ou plus en supposant que l'avant-propos servait. Plus important encore, ils ne devraient pas avoir l'impression que Van Alphen ne se souviendra pas d'eux. La preuve en était ceci, « en théorie » son « dernier paquet ». Bien sûr, il s'est avéré que c'était le cas. En 1787, la fermeture est devenue les 66, sonnets Taste Spin- (Premier) et Deuxième off en tant qu'assortiment rejoint sous le titre Kleine Sonnets for Kids.

De plus, ils ont été distribués sous la forme d'un seul livret à partir de ce moment. Le distributeur By Terveen avait à cela tout à fait commencé la facture tenue par une pagination incessante des trois pièces séparées. De plus, à la demande des 66 sonnets, ils'est avéré rarement plus modifié.

Après 1782, Van Alphen ne compose plus de
sonnets de gosses, pas même avant queles
gosses soient mariés, en 1781 Shut de
Catherine Gertrude de Valkenburg. Sa
situation aux yeux du public était totalement
différente en raison de son arrangement en
juillet 1780 avec le principal avocat à Utrecht.La
commotion politique de l'époque nationaliste
plus tard les entreprises religieuses tirées sont
d'autant plus prises
en compte par l'écriture. Wei est de son legs en
1836 deux sonnets supplémentaires pour
enfants ("Coopération entre Jakob et Hendrik"et
"Le chien qui grignote"). venir, Qu'ici en
supposant que des suppléments informatifs
sont imprimés.
C'est le premier livre pour enfants hollandais ?

L'écriture n'a pas de droit de brevet, tout
comme c'est le cas dans le domaine des
sciences appliquées et de l'innovation.

Cependant, Hieronijmus van Alphen a
présenté Taste by Little Sonnet For Kids si
un scoop néerlandais. Légitime ou faux ?
Cela dépend simplement de ce que vous
entendez par un livre pour enfants qu'il accepte d'entendre.
La matière est sur ce point l'équivalent du
ask ou Wolff and Covers History de

Miss Sarah Burger heart out 1782, notre roman néerlandais le plus mémorable pourrait s'appeler. Non, dans la mesure où il y en a aussi beaucoup pour cette année-là des livres néerlandais uniques ont été distribués. En effet, lorsque vous faites cela, cela implique que Sara Burgerhart est au début d'un autre type de roman néerlandais, cela varie essentiellement en fonction de ce qu'il y avait auparavant dans ce domaine à l'achat.De retour maintenant Disagreeable .s Taste par Little Sonnet For Kids . Il est certain que Van Alphen, à la fois dans l'historiographie savante et dans l'évaluation générale, est considéré comme le père du livre pour enfants néerlandais. * De toute évidence, cela vaau-delà du domaine des possibilités, ce qui implique que les enfants hollandais n'ont jamais lu de livres avant 1778. ', les Maximes de Salomon et le petit exercice étaient au menu de toutes les écoles

populaires, relativement moins incultes que dans les autres nations européennes. Car le morceau protestant d'individus ici était un livre d'écritures lisant une personnesainte

obligation. De plus, le matériel de lecture à usage scolaire ou pour la formation à domicileprivée existe depuis toujours. Ces matériaux montrant changé après 1778 véritable pas
sur le combat.
De plus, il existait au XVIIIe siècle également un

large éventail de loisirs lisant pour petits et grands sans distinction d'âge : par modestes, des gravures sur bois grossières agrémentées de réimpressions de recueils de la fin du moyen âge si Reinaert Ulenspiegel ou Les Quatre   , Heemschildren encore des contes plus établis   , d'Ésope et Phèdre, récits de voyage énergisantssur le capitaine du XVIIe siècle Vache tachetée, livres d'images scripturaires et profanes, casse- tête et assortiments d'histoires jusqu'à ce qu'il soit le plus modeste «dessin animé drôle» de l'estampe à un sou distribué dans la ville. † Tout
cela gisait là en débordement, peut-être pas dansla vitrine d'une immense librairie de ville respectable, mais que Quoi qu'il en soit dans les interminables petites boutiques Où les individus ajoutent leur registre chronologique ou leur
papeterie* Voir ci-joint : Pomes 1908 ; dollars 1950 ; JOSH DOUGLAS 1990, 1992, 1995 et le Catalogue of Dutch school and youngsters' books 1700-1800 by JOSH

DOUGLAS et Leontine JOSH DOUGLAS -
Smets, Zwolle 1997.
† Voir The Meyer 1962.

pourrait acheter. Ou probablement il y avait
les colporteurs sans fin qui honorent la
période la plus froide de l'année, ils se sont
aventurés dans toutes les parties du champ
vers leurs maisons et leurs propriétés bien

connues pour s'épuiser à parcourir. De plus,
cette inclinaison lente de la lecture
fréquemment republiée pendant très
longtemps est restée temporaire également après 1778 mais
vague sur.

Néanmoins, il existe un contraste central
entre ces divertissements conventionnels

parcourant, Où peu et énorme Terrible saisit,et
le Goût par lequel . en 1778 pour le jour est
venu et sur la base duquel il pourrait
légitimement être appelé le Créateur par le
livre pour jeunes hollandais avancé. Cette
distinction n'était pas en elle s'il s'agissait d'un
avertissement. Qu'un livre, quel que soitson
niveau d'engagement, est toujours utile et
instructif pour être utilisé pour être pour tout
le monde. Un cas divisé. Il y en a de nouveaux
qui se cachent ici. lui-même si
d'abord explicitement jusqu'à ce que les petits enfants
pointent du doigt Un compréhensible pour

eux et jamais auparavant aux Pays-Bas d'une

manière aussi séduisante ont introduit une tâche
éducative.

Qu'est-ce que ce nouvel idéal d'entraînement semblait
être et comment Van Alphen l'a-t-il pris?
sur   piste

La pédagogie des nouveaux
Dans le cas où papa de trois petits hommes
devenait mr. JOSH DOUGLAS dans les années
soixante-dix en a naturellement regardé issue
par leur enfance. Qui plus
est, le raisonnement éclairé. était là l'homme
qui ne dérangeait pas, si les gens se tenaient
debout quand ils le faisaient encore
fréquemment, pour transmettre une mission
aussi profonde à un représentant principal.
Il aimait s'arranger individuellement dans
l'écriture en cours, dans laquelle
s'engendraient de nouvelles connaissances sur la scolarit
Le sujet de la meilleure façon de servir ses
propres enfants ou ceux des autres àélever
apparaît à partir des années 60 comme
l'éclair par une matière assez évidente
jusqu'à ce qu'une matière
dangereuse des plus remarquables soit développée.La
méthode d'enseignement (Ce mot est maintenant
plus que nouveau !) s'est
avéré être de manière inattendue quelque
chose sur lequel chaque citoyen ordinaire
éclairé doit insister, compte tenu du fait
qu'il doit apporter des avantages à la fois
à l'individu et au pays en dépendait. Qui,
à tout hasard que les idéologues de
l'Edification, inébranlables avaient
confiance dans la fabricabilité d'un grand public avec

Les résidents sensés et donc normalement élevés avaient après le meilleur une porte ouvertepour prévaloir de l'enfance par les jeunes.

D'où est venue cette méthode d'instruction éclairée comme celle-ci, sortie de nulle part ? Quels créateurs pour la faire arranger ? De plus, quels résultats cela a-t-il eu pour le livre néerlandais pour la jeunesse ? Évidemment, il y a des raisons impérieuses d'incertitude sur la réponse pendant très longtemps : généralement Locke, Rousseau et Basedow (avec d'un point de vue plus lointain Comenius) au cas où les émissaires par cette nouvelle méthode d'enseignement, That It Le jeune dans sont des découvertes de singularité et cela lui-même apparaît également sérieusement dans un livre pour enfants d'un nouveau genre.

Le Britannique John Locke doit son travail de fer de lance à une composition généralement distribuée en 1693 : Quelques considérations concernant la scolarité. L'oeuvre s'a fait de nouveau en 1753 à travers l'interprétation de Pieter Adriaen Verwer à l'égard du public hollandais. Locke a mis un accent extraordinaire sur l'apprentissage du jeu en occasion, en fin de compte : sur le

*

Il

joie d'apprendre qu'un jeune devrait avoir la possibilité de faire pour avoir. Une réverbération de cela résonne encore à travers la ligne de refrain 'Le mien pour jouer, c'est apprendre, mon gain, c'est jouer' de 'Avancer joyeusement'. Ce gain existait pour le terne Locke principalement grâce à l'obtention d'informations utiles. En musique ou en vers, il n'a pas gaspillé beaucoup de mots. Aux yeux des enfants, il a notamment suggéré les contes d'Aesop On, best of pictures.

Alors que dans cette manière la composition de Locke dans les années soixante Il badinait sur les conditions météorologiques de l'enfance en vigueur, fit de Jean Jacques Rousseau une tonne de perturbations circulaires plus étendues de son Émile, oude l'Éducation (1762). † Dans un style convaincant ici transformé en la formation idéale dépeinte et montrée à l'exemple du jeune Émile, qui, loin du monde acculturé (= ruiné), Une enfance régulière a eu. Exemple fondamental par ce livre de clique pour les Nouveaux L'homme était le adage : laissez betijen, ne forcez rien. Le jeune se familiarisera normalement avec la vérité non dite par l'expérimentation suivant le cas de son instructeur. Il y a

en outre aucune impulsion à éduquer furieux.Il
est particulièrement hors de propos de remplir
les enfants d'informations réelles,
dont ils ne voient pas encore l'utilité et l'extension.
Tout vient sur la compréhension et évite ainsi
d'irriter un enfant avec des conventions
strictes. Ce dernier était normalement un
compromis pour la jambe endolorie frappée
par chaque enseignant chrétien.

Par état, Rousseaus est devenu Émile après
s'être présenté le 11 juillet Consommé en toute
transparence à Paris en 1762.
Quoi qu'il en soit, sur le long terme, l'impact
de ses pensées éducatives également aux
Pays-Bas a été raisonnable, elle l'a souvent
fait de manière détournée à travers les
philanthropies allemandes. ‡ Leur contremaître
était Johann Bernard Basedow, le pionnier
en 1774 par It Philanthropinum à Dessau,
une école modèle où sous l'attention attentivede
toute l'Europe les pensées éclairées

concernant la formation avec l'allemand
Gründlichkeit ont été tentées de manière
intéressante.
Ces normes étaient : le soutien à l'auto-
inspiration ;
* Voir également Samuel F. pickering, John
Locke et les livres pour enfants dans le dix-huitième

Century Britain , Knoxville (Tennis) 1981.

† Voir Walter Gobbers, Jean Jacques Rousseau en Hollande. Une exploration Bouleversant l'impact par l'homme et Il travaille(env. 1760-ca. 1810) , Gand 1963; partie unique IV : accueil par 'Emile'.

‡ Voir AWM duijx, Les philanthropies. Liste des sources aux Pays-Bas présentant des livres de JB Basedow, JH camp et BC G.

, Diriger 1985.

Solidification réelle de Salzman ; une scolarisation visuelle, aménagée pour une citoyenneté utile ; formation morale dans un sens chrétien global à travers des représentations sermonnantes; estimation cordiale pour enfant selon Un cadre complexe par rebuffade et récompenses. L'un composé par Basedow lui-même rempli comme un .
«livre de cours» Elementarwerk (1774), luxueusement représenté avec de nombreuses gravures sur cuivre par le bien connu Daniel Chodowiecki.

Le Philanthropinum de Dessau était essentiellement une organisation coûteuse, juste raisonnable pour les jeunes de la première classe. Quoi qu'il en soit, ce qui étaitle plus étonnant, c'était la traînée là-bas: les techniques de pénétration, les tests publics de beaucoup de cors et d'appeler et l'avant longtemps éclater des affrontements entre le dictateur Basedow et sont le personnel. Aux Pays-Bas, la réponse à cela s'est traduite par une analyse mixte jles sentiments humanitaires.

Amsterdam, Alexandre Des-Londes a commencé en 1781 ainsi qu'une telle «Maison d'éducation» pour 24 étudiants selon le cadrede Basedow. * sur la base des planches de son Elementarwerk, des exemples seraient donnés en français et en néerlandais, géologie, histoire régulière, histoire, s'entraîner, composer et dessiner, tandis qu'un entraînement militaire quotidien de tumbling venait donner. La journée d'école durait de 8 à 21 heures le matin, avec 65 ƒ pour les doublures extérieures et 65 ƒ pour les doublures intérieures qui devaient même payer 105 ƒ par trimestre. En tout cas, nous savons assez régulièrement que cette école Basedowse à Amsterdam distingue une opportunité sauvegardée et nous ne savons rien de l'exécution viable.

Le travail rudimentaire de Basedows n'a également retrouvé qu'un seul supporter aux Pays-Bas : le professeur d'allemand JD Hahn Utrecht. Il n'est ici jamais interprété.

Plus efficaces étaient les compositions de deux altruistes différents : Joachim Heinrich Campe, le principal auteur de livres pour enfants de ce cercle, qui après Basedows a contraint le décollage de la ligne par It Dessauer Philanthropinum dominé, et Christian Gotthilf Salzmann, qui en 1783 à Schnepfenthal possède un établissement d'enseignement. Leurs histoires et réflexions éthiques sont également largement lues, déchiffrées et modifiées aux Pays-Bas. Leur impact sur ce livre pour enfants néerlandais semble impressionnant, malgré le fait que nous nous échappions réellement de cet impact toutes nuances. †

* Voir IH par Eeghen, 'Une école Basedowsede pointe à Amsterdam', dans: magazine mensuel Amstelodamum ,
jrg. 48 (1961), p. 129-132. † Voir Erfahrung

schrieb's und reicht's der Jugend. Joachim Heinrich Campe comme Kinder-und Jugendschriftteller Ausstellungskatalog Staatsbibliothek Berlin, 1996; et Visionare Lebensklugheit. Joachim Heinrich Campe in seiner Zeit (1746-1816) , Wiesbaden 1996 (Ausstellungskatalog Herzog August library Wolfenbuttel).

Avec toute cette considération justifiable pour différentes nouvelles motivations instructives d'un point de vue extérieur, cependant, il ne faut pas ignorer deux locaux beaucoup plus aguerris aux mœurs nourricières : un humaniste chrétien, là où Felines, Van Effenet autres observateurs du XVIIIe siècle, que le jeune voit comme une plante qui peut être encadrée de délicates pouvoir.

De plus, un Amélioré sévère, qui met pleinement l'accent sur la corruption de principe de chaque homme et la trépidation des hommes Respectables considère commela principale méthode de discipline, * comme

cela se produit dans De Geestelycke Queeckerye par les Jeunes Plantes des Hommes Nobles [.. .] Ou de colis par la formation Christelycke des jeunes (1740) parle maître principal Middelburg Joannes Le Swaf. Dans les deux méthodologies,

nonobstant, la considération et, en outre, l'adoration étaient centrées sur l'enfant, de

sorte que la représentation fréquemment introduite d'une relation parent-enfant indifférente existante doit absolument être corrigée. † De même, l'image du maître d'école du XVIIe ou du XVIIIe siècle en tant que con autoritaire avec les mains libres et lagorge toujours desséchée ‡

semble ne pas être au-delà d'un dessin animé
qui, à travers les éducateurs éclairés, abeille
leur développement hostile mais à partir de
maintenant chez Please est devenu utilisé.

Comme cela s'avère que le monde par le
livre pour les jeunes ainsi que le paysage
plus vaste par la formation instructive est
une nation de deux courants, où l'ancien etle
nouveau coïncident pour marcher. Par les
deux a . sur voie souveraine utilisée.
Are Little Sonnet For Youngsters sont parfois
suggestifs en ce qui concerne le contenu ou
dans leur utilisation des imagesLocke,
Rousseau et les philanthropies allemandes,
que le climat Sur les vieux félins, comme dans
les notes ici pour chaque sonnet individuel
sont montrés.
Pourtant, plus loin qu'Un parallélisme superficiel ne va Qu
* Voir B. Kruithof, 'Instructive Counsel from
Felines to Beets, Coherence and Assortment',
in: Schooling and Childhood 1983, p. 169-178
; LF Groenendijk, La poursuite de la
reconstruction de la famille It. La vision de
Peter White Curd sur le ménage chrétien,
Dordrecht 1984.

années, toute une bibliothèque est maintenant remplie.

C'est tout simplement évident, entre autres : Linda Pollock, Neglected Children.

Relations parents-jeunes de 1500 à 1900 , Cambridge 1983 ; Keith thomas, 'Kids in Early Present day britain', in: Gillian Avery and Juliet Briggs (ed.), Children and their books. A Festival of Crafted par Iona et Peter Opie, Oxford 1990, p. 45-77 ; JOSH DOUGLAS 'La P‚etite République ; la famille dans l'écriture hollandaise du XVIIIe 100 ans', dans : Documentatieblad Werkgroep XVIIIe Cent ans , jrg. 24 (1992), p. 87-105; Sally Kevill Davies, Les anciens enfants. Les objets de collection et l'histoire ou les soins aux jeunes, Woodbridge 1994 ; Rudolf Dekker, De l'ombre à l'incroyable lumière.

Les jeunes dans les rapports d'image de soi des cent années brillantes jusqu'au sentiment , Amsterdam 1995.

‡ [CF van Veen] dans : les enfants lisent/les jeunes, lisent la liste des émissions no. 195 du Metropolitan Exhibition hall Amsterdam, 1958, p. 6.

Deux prédécesseurs allemands : Weisse et Burmann

Van Alphen ne cache jamais deux sources d'inspiration plus directes.

Dans It preview until are Taste calls he if such Weisses song fur Kinder [Leipzig 1767/1769] et les Kleine Lieder für kleine Mädchen und Jünglinge [Berlin 1777] de Gottlob William Burmann.

Le philanthrope Christian Félix Weisse (1726-1804) était l'un des philanthropes en Allemagne premiers écrivains Que leur plume emploie absolument dix

*

proposé par les jeunes.　　　Il a acquis une grande popularité avec son magazine hebdomadaire Der Kinderfreund (1776-1782), qui est également publié en néerlandais est devenu édité, tandis que sont Neues ABC Book (1772) notre compatriote JanHenry Swildens inspiré jusqu'à sont patriotique AB Book for the Dutch Youth (1781). Pas étonnant que Van Alphen avec une telle

autorité sur le domaine pédagogique † heureux de correspo Parce que ce que M. Hieronijmus en 1778 pour les Pays-Bas est le premier paquet

poèmes pour enfants sauvages à tester, que Weisse avait déjà atteint en 1767-1769 pour l'Allemagne avec ses Lieder für Kinder .

Le paquet de Weisse devait également s'adresser
à Van Alphen de cette manière, car le poète allemand
était aussi récemment devenu père pourla première
fois et ces chansons ont fait ses propres enfants. De
plus, il a trouvé dans les chansons de Weisse toutes
les vertus des Lumières chrétiennes d'une manière
qui plaît aux enfants.

. appartenant à Weisse sont Little lyrical Poem
(Leipzig 1772), dans lequel les cinquante-quatre
«Lieder für Kinder» ont également été enregistrés.
Van a édité à partir de cet Alphen sept poèmes:
'Der Horsam' ('It dogs'), 'Der Krausel'
('Le toit flottant), 'Cette Freundschaft'
("La vraie amitié"), "Der Winter"
(« Chanson d'hiver »), « That Mucke » (« L'insolence
»), « Auf das Bildniß einer geliebten Mutter » («
Claartje devant le tableau de sa mèredécédée ») et «
Das Bird's Nest » (« Les nids d'oiseaux ').

Le maintenant entier oublie Gottlob William
‡
Burmann (1737–1805) a fait n'importe quel nom
de fables dans le style de Gellert. Les poèmes
pour enfants sont-ils des marchandises, juste si
Cela par Weisse,fourni par vous-même des mélodies
fabriquées. Mais il manquait des atouts
visuels de service, de sorte que même l'accord d'abeille par

thème l'effet tout autrement devient. Au lieu
de faire parler ses petits héros comme un
enfant, il les met toujours dans toutes sortes de
contemplations interminables et abstraites.

* Voir sur Weisse et sont des enfants à
fourrure chanson : Brüggemann 1982, k.
86-93
et 1250. † Cette correspondance entre . et
Weisse semble malheureusement perdu à
sont
partis. ‡ Voir à propos de GW Burmann et
sont des chansons pour enfants :
Brüggemann 1982, k. 1298-1299.

jaunissement dans la bouche. Exemplaire est
Burmann seulement été Grâce à
l'introduction par le nouveau sentiment
patriotique dans la poésie pour enfants. Vana
édité de sa collection Alphen quatre poèmes:
'Allgemeines bet' ('La vraie
richesse'), 'Der Mirror' ('Le miroir'), 'Vaterlandsliebe'
('L'amour jusqu'à ce qu'il natal') et 'Merci un Knaben
beym Witter' ('Il tempête').

Si vous mettez ces onze exemples de
poèmes côte à côte comme ceci, Van
Alphens brille tributaire Sur Weisse et Burmann pas

léger. Mais il a dit la vérité, quand il a déclaré qu'elle l'avait bien aidé à plusieurs reprises sur le pin, mais qu'il n'avait en fait pas « traduit ou repris ». Une comparaison précise partira bientôt pour voir l'ampleur des différences, selon lesquelles . Si le poète gagne généralement contre Weisse et

*

certainement contre le solennel Burmann. Comprenez encore pourquoi les poèmes pour enfants de Van Alphen dans l'Allemagne voisine n'ont jamais gagné en popularité. Ils ressemblaient juste un peu trop à ce qui était déjà là car cela existait amplement dans l'original.

Aspects littéraires : Il se distingue par le relief

Les sonnets pour enfants de Van Alphen varient en structure et en contenu de tout ce quea été écrit aux Pays-Bas à cette époque.

Unique est d'une certaine importance la structure enceinte: d'autant plus frappante que les écrivains néerlandais, en particulierau cas où ils avaient l'intention de s'établir, alors qu'ils savaient à peine le savoir.

Refrains par dix, quinze versets avec de nombreuses lignes directrices n'étaient pas une exception. La langue est également la très Normalement que le texte court Grâce à une seule lecture actuellement dans la mémoire imprimée est devenu.

À l'intérieur de cette extension restreinte, il existe un assortiment étonnant de longueur de ligne, de structure de refrain, de complot de rimes, d'éclipse musicale, de thèmes et de structures de tri. On y traque de belles histoires (souvent géniales, essentiellement les sonnets les plus connus, par exemple « Le prunier » et « Le verre foiré »), des échanges, une lettre rimée (« Carel à sa sœur Caatje »), le connecté un cas («Bienvenue de bonnes nouvelles de Claartje pour son jeune frère»), des vers («The Singing Willem») enfin cet énorme rassemblement que l'application représentative par une créature ou un élément représenté ci-dessus est le symbole On It (par exemple «It canines' ou 'L'oiseau sur le tabouret').

*
 Pour la relation voir : Pomes 1908, p. 244-259, et van Eck Jr. 1908, p. 225- 238, à bout inversé. Selon Pomes était debout. écrivain abeille Weisseque l'abeille Burman, qui combat By Eck.

La mesure fondamentale est le iamb ou trochée, mais dans trois cas on retrouve toute une strophe compétente en terre et en eau. Exceptionnel est 'Le Willem qui chante', où (après une présentation d'histoire dans une mesure de versification ordinaire) Willem est une mélodie matinale honorable dans une structure d'hommage. Il est tout aussi étonnant que Van Alphen, même dans les sonnets de ses enfants, n'ait pas évité d'explorer différentes avenues concernant les vers sans rime. A six sonnets, sous lequel l'individu conn

Représentation par Dorisje ', nécessaire pour prouver que l'homme dans des circonstances spécifiques 'le pays autour de là-bas s'habituerait simplement à'. * Nonobstant cette variété de formes, l'ensemble établit en fait une connexion unique extrêmement

homogène en raison de l'ethos de l'Illumination qui pénètre tout. Les Petits Sonnets pour les

enfants ressemblent également à ce simple délicat que l'homme n'a guère plus à l'esprit quelle est leur qualité la plus unique : les ressources remarquables de Van Alphens dans un langage extrêmement prégnant et dans les détails potentiels les plus brefs. Uneconception totalement standard, qui par le Atténuation délicate, hauteur à donner.

La réalité des jeunes évoquée ici est

plus totalement dépeint par un sentiment de bonheur, de 'vif' si mot d'ordre. Un jeune productif et prudent n'a après tout rien à craindre : pas du père qui est son « compagnon le plus proche » ; pas de Dieuqui nous a appelés 'à faire la joie', et sûrement pas du boogeyman. La mort n'ad'ailleurs rien d'effrayant et la nature est toujours bonne, quoi qu'il en soit, quand elle tempête. Tous chevauchaient ainsi jusqu'à la gaieté, l'appréciation et l'épanouissement : attributs Là où les orientations sexuelles ultérieures ont laissé sur eux l'empreinte de la révolte locale, ceux du citoyen ordinaire édifié du XVIIIe siècle ont constitué la structure la plus remarquable par le karma. La joie des abeilles mellifères ne devrait absolument pas être considérée comme une diversion bruyante, mais plutôt vers ce bonheur intérieur et constant qui vient de la science : tout se promène dans ce monde tel qu'il est planifié par un Dieu avisé tant que j'ai mon ob Pour un jeune du climat ouvrier aisé dans lequel Van Alphen lui-même avait sa place, la dernière option impliquait essentiellement : apprendre ses illustrations. Malgré le fait qu'il n'existe pas de formation légale mais obligatoire existait et ces jeunes pour la plupart juste un enseignement à domicile confidentiel, le besoin de scolarisation intellectuelle était cependant parfait comme il semble l'être aujourd'hui. Selon l'échelle de valeur par l'information était permanente d'atténuation directement de l'éthique. Qui inepte Resté bâclé de même la possibilité d'être une personne à part entière.

De plus, une excellente exécution des révisions est la prémisse de l'abondance matérielle. En tout cas stresse. dans les sonnets pour enfants, ce point de vue social n'a pas sa place. Apprendre la joie commence les choses. L'apprentissage doit, tous les jours;sauf qu'apprendre est également agréable ('It bright learn'). Aussi, rien de plus amusantqu'A read* JOSH DOUGLAS from Alphen, Stomach related Compositions , Utrecht 1782, p. CXIX. livre d'images décentes, pour ce qu'il jouets conventionnels (bande et coût) S'il vous plaît est mis de côté. Cette décision bénéficie d'un allégement supplémentaire, au motif que, malgré les vêtements et la nourriture, les jouets étaient également considérés comme faisant partie des choses que la « satisfaction innocente » décide. Comme cela garantit

Little Claar dans son 'Welcome hello' son petit frère cadet qu

achetez également des jouets pour elle,
quand elle peut s'asseoir sur ses genoux.
Est-ce que les jouets sont parfois quelque
chose de médiocre juste au tout début, mais
qui devraient être échangés contre une
lecture de cours dès que le temps le permet
? Claire et Keetje en parlent en reprenant le
mot : 'Dans certains cas pour
jouer, parfois lire,/Ce sera bien ce qu'il vaut mieux'.
Les rencontres et les impressions des jeunes
des Kleine gedigten de Van Alphen restent
généralement limitées à leur proprecercle de
père, mère, famille de leurs amis proches. La
relation familiale est centrale,
par laquelle le lien d'adoration entre les
tuteurs est confirmé avec véhémence. Un
tel amour n'a pas besoin de cadeaux coûteux :
'Père a donné la meilleure pêche/récemment
à maman avec un 'baiser'.
D'autres membres de la famille (grands-
parents, oncles, tantes, cousins) perdent du
temps à parler, ni s'il s'agit de voisins oude
compagnons de la famille. Un couple defois
semble un gardien de terrain, un autre
obligeant ou un spectateur fortuit sur le
théâtre à l'absentéisme des pères d'abeilles si
le guide sur les étapes. Exceptionnel est le
spot de haut standing That . récompensesSur
le vieux cuisinier

Saartje. Est-ce que l'ancêtre Weisse avait son propre mot à dire à ce stade de la confiance des sonnets «moraux» pour enfants? * Pour les fantasmes des enfants, vendez la plupart des professeurs d'illumination, certains hypersensibles, Betty Wolff non excepté. . puis dépeint à nouveau clairement le plaisir d'une visite d'enfants, l'abeille Sarah, "Notre vieux grand cuisinier, / Qui peut dire des fantasmes", 101 adresses de demandes de renseignements et les enfants sur les friandises au chocolat et au lait.

Plus dangereux est de devenir le rapport des individus que pas jusqu'à ce que le

propre cercle ait une place. Enthousiaste s'avère que le gardien de la ville est à cliquet par équilibre. semble être plus féroce le rassemblement sur la route pendant la période la plus froide de l'année froide avec un clochard fragile, «qui demande un sou supplie».

Cela devient sans arrière-pensée une donnée, seulement si dans la 'mélodie d'hiver' se produit

la prospérité et lui apporte la confiance dans
l'organisation du stock sans seconde On It faiblir.
Pourquoi en plus, quand dans 'Il l'a trouvé des
mélodies' Un putain de malheureux sont
l'accomplissement chante et vous-même donne un
sens à pas de Un homme riche au commerce de
besoin: * 'coup de pied dans le seau abgeschmackten
Lieder der Amme und Kinderwärterin' (Christian Felix
Weissens Selbstbiography , 1806, p. 129).

Le désir ne me manque qu'occasionnellement, Fais-moi
une tonne de nourriture plus
enthousiaste, Puis ou moi à la table d'un seigneur
Utilisé pour être jour Le jour situé.
Inversez ce traditionalisme culturel, que quelques
années plus tard, aux Pays-Bas, des réformateurs
extrémistes comme Gerrit Paape susciteront des
pensées et des sentiments de dissidence sociale qui
témoignent d'un cerveau éclairé. Ce nouveau

placez-le au-dessus de tout dans la non-apparition de
tout doctrinalisme strict. bien qu'il soit lui-même un
chrétien proclamant, Van Alphen a délibérément des
problèmes doctrinaux de péché unique, de
récupération, de diable et de paradis hors de la pensée.
Tout compte fait, ils ont juste une place dansune
période ultérieure de scolarité à venir aménager.

Tout bien considéré, Dieu ne devient compréhensif innocent que dans le cas où un papa attentionné le recommande. Comme cela pourrait Il arrive que Jantje et ses compagnons obtiennent en réalité des exemples de lecture, de composition, de géologie ("Le grand désir") et de jeu de clavecin ("Mietje bij het clavecin"), même s'ils vont à la chapelle, au pasteur ou le catéchiste a sauvé des séjours.

De toute évidence, ils ne sont pas les seuls effets secondaires d'une méthode d'enseignement édifiée. Nous identifions dans les sonnets des enfants .s 'L'affection jusqu'à ce pays local' ainsi qu'à partir de maintenant ce nouveau sentiment d'enthousiasme, qui, il se trouve, est encore libéréde l'entente politique des partis ici depuis les années 1980, lorsque les loyalistes et les orangistes ont affronté l'autre à se tenir debout. Dans ce nouveau l'inclination enthousiaste se montre Une âme par le sens urbain Que dès maintenant l'abeilleà miel Ce petit enfant devrait devenir développé. C'est un sujet qui sera élaboré par Jan Hendrik Swildens dans son modèle Vaderlandsch Stomach muscle Book for the Dutch Youth (1781).

*

Quoi qu'il en soit, qui sur la base de ce qui précède

Les sonnets des jeunes de Van Alphens à l'écriture de l'édification fonctionnent, a encore dit la déclaration trompeuse. Il pense éclairé connaît après tout au XVIIIe siècle quelques changements horribles de temps, de nature, de nuances strictes et de degré. Comme cela contraste l'aide française de son penchant débauché avec force de l'édification chrétienne en général en Allemagne et aux Pays-Bas, tandis que l'allègement du milieu du XVIIIe siècle, dont Justus par plaine de sont observateur hollandais (1731-1735) Un délégué important utilisé pour être, beaucoup plus d'accent sur la pensée savante que la délicate Illumination des années soixante-dix.

* Voir JOSH DOUGLAS , 'Livres ABC néerlandaissur les dix-huit cents ans; coutume et développement', dans : Jaap Terlinden ea, A sera un singe. Expositions sur les livres ABC du quinzième 100 ans jusqu'à Amsterdam
1995, p. 55-72. cadeau ,

Comment se portent les sonnets pour enfants de Hieronijmus van Alphen à cet égard ? La réponse ne peut pas être totalement univoque. En certains endroits on retrouve encore le pur réalisme de la prudence réfléchie, comme dans

'De nature entreprenante' :
Pourrais-je investir mon énergie A mille
futilités ? k

Avoir autour de là aucun avantage par.Dans
le même ordre d'idées se trouve

également le rejet de niveau par toute notion
(dans 'Klaasje et Pietje') par lequel la seule
petite excellence que les Autres s'efforcent d'atteindre
ressources:

Pietje, si tu préfères ne pas être génial, alors,à
ce moment-là, la personne de couleur
apparaît. Klaasje, c'est clairement faux !
Permettez-lui de venir dans le cas où il serait
en mesure. Qui a confiance en un tel homme,

est par son esprit saccagé.
Nonobstant,

Réception et évaluation
Hieronijmus van Alphen s'est également
manifesté en tant que poète écrivain d'écrits
littéraires et théoriques et en tant que
philosophe chrétien. Ici, cependant, il ne
s'agit que des réactions sur les poèmes pour
enfants, dans lesquels les aspects de
That Others jouent à peine un rôle. Cela simplifie les chos
Mais il reste un problème de contournement
difficile : les enfants, pour qui ces textes pourtant
des biens destinés, ne viennent de leur jugement
nulle part tout de suite en image.

Mesurez généralement l'homme Il porte
bonheur par Une œuvre littéraire tout d'abord surle
nombre de réimpressions ou de traductions et
Sur le avec les chiffres de circulation correspondants.
Malheureusement nous ne possédons sur ce point
que des faits précis si conséquence d'un écran de
fumée posé par l'éditeur Van Terveen. Nous
savons seulement avec certitude que les Kleine
Gedigten voor Kinder jusqu'à environ 1850
disposés en différentes versions sont réimprimés,
alors qu'elle est apparue peu de temps après aussi
déjà sur la musique mise.
Après cela, l'intérêt a fortement chuté, même à tel
point que l'on a commencé en 1871 l'édition du
jubilé (cadeau de fête pour la jeunesse
néerlandaise) il n'a pas plus tard sorti deux

épisodes. Jusqu'aux publications de Pomes etVan Eck en 1908, les poèmes pour enfants "à l'ancienne" de Van Alphen de nouveau sous l'attention, après quoi ils sont, pour ainsi dire, confrontés à une nouvelle vie : comme une réimpression photographique quasi authentique pour les acheteurs non pédagogiques leçon mais Un joli livret cadeau de valeur nostalgique recherché.

Comment les contemporains de Van Alphen et ceux qui ont immédiatement suivi la générationde lecteurs, Petits poèmes Pour les enfants sont-ils appréciés et pourquoi un « clin d'œil » soudain à l'intérêt à mi-parcours du

*

siècle précédent ?

Le premier à qui Van Alphen en 1777 a présenté son Proeve van Small Poem For Children soumis alors non imprimé avait l'habitude de être sont beau-frère Rijklof Michael par Goens. Cela a trouvé tous les poèmes de forme et de contenu désagréables pour l'objectif, mais avaitla collection S'il vous plaît encore une vue étendue de «toutes les histoires». Si avant cela deux poèmes d'Autres supprimés devaient devenir, alors peut-être 'La vraie amitié' et Alexis. Ces derniers lui semblaient trop « prosaïques ou abstraits », tandis que pour les premiers on leur reprochait que les enfants n'ont pas une grand

'câliner' ou être 'câlin' 'dans la phrase de Pin
dans laquelle Nous le concevons'. JOSH
DOUGLAS devait mais à un moment donné le procès

† sur le sumtake avec son fils Jantje.   Du
fait que Van Alphen a critiqué les deux poèmes
Ordinaire a laisser de côté, pour nous permettre
peut-être de distraire qu'au moins Un enfant à
cette donnée d'approbation a.

Dans Une lettre ultérieure du 21 au 23 juin
1800 pâle Par Goens encore un peu
enthousiaste si un quart de siècle plus tôt : 'Die
Kinderlieder sind wahre Meisterstücke, inihre
Art : sogut, if das best [...] was man in ‡

un chapeau Sprache.   Ce n'est que
maintenant qu'il est venu avec Un curieux
argument lié au contenu Pourquoi les poèmes
pour enfants de .s seraient-ils encore préférables
à ceux de Weisse, à savoir «wegenden Christian
Sinn, der in Pine tree Ihrigen herrscht». Ce point
de vue témoigne cependantplus du Réveil
religieux, contraire à l'esprit des Lumières, à
travers lequel By Goens s'est inspiré lorsqu'il est
devenu, que ce qu'elle a
fait directement On .s Small Poem For Children
, qui, précisément à cause de leur manque de
lignes dogmatiques, certains critiques
orthodoxes avait soulevé des objections. Clarisse pour

exemple, a avoué que (avec tout le respectque
je dois à Van Alphen) sa ligne 'En tot bonheur
créé' de 'Le bonheur enfantin' lui était
difficile à concilier

avec   le   calviniste
**

prédestination.

* De telles critiques incidentes du côté chrétien
orthodoxe, cependant, n'affectent pas le
moindre préjugé sur la renommée de .s si
poète pour enfants. Et quand l'imitation ItBest
la preuve porte chance, que l'on peut dire que
les poèmes pour enfants pendant des
décennies le spectacle ont mis en sujet Voir
aussi The Freeze 1981.

† Lettre de RM van Goens à Hieronijmus van
Alphen, sans date [1777], K . B. 130 D
14.Comparer J. Wille, L'homme de lettres
RM van Goens et son cercle . Deuxième
partie, édité par P.by der Vliet. Amsterdam
1993,
p. 246. ‡ Voir JOSH   , 'Lettres de Rijklof
DOUGLAS Michael par Goens Sur JOSH
DOUGLAS .', dans : Documentation sheet
Working Group Eighteenth Century XX / 2
(1988), p. 175- 176.

** Clarisse 1831-1832, p. 120.

choix et forme. Tellement que

tout ce qui était néerlandais dans la poésie pour enfants de ces années-là apparaissait comme un écho plus ou moins faible du profane de Van Alphen.Parfois, c'est devenu aussi Par des poètes pour enfants plus tardifs si Peter it Grouse, Henry coupe-
ceinture, Dirk Underwater et JFL

*

Muller ouvertement reconnu.

Au milieu du XIXe siècle, cependant, Van Alphens acquit une réputation de poète pour enfants. Un claquement formidable Par l'accusation
de non-enfantillage. Une fois PA de Génestet dansson histoire en vers 'De

Sint Nikolaaseven' de 1849 est déjà un † coup vicieux pour Hieronijmus, vint le même auteur en

1857 devant la même audience à nouveau sur la question. C'est comme une conférence destinée à

la réhabilitation

‡ la poésie pour enfants , cependant, portait davantage le caractère d'un accessoire élaboré, transmettait ce qui tempérait par une bouffée de sympathie pour les bonnes intentions de Van Alphen. Les objections de Geneset sont bien connues, car cent fois répétées : c'est un bon moral d'Hendriken qui

Van Alphen entend des empreintes, pour un peu fausses si malsaines. En place par enfantdes enfants à sont, échasse . lui-même ci- dessus sont un public jeune.

Ce dernier est certainement où, comme l'avait déjà fait un critique anonyme en 1798.**

établi.   Mais c'est tout aussi vrai que la mentalité de "garçons fermes, durs à cuire" dont est issu Le Génestet qui s'en prend prétendument à la bonté pédante, dans un idéal tout aussi limité dans le temps.

Cette fois pas du siècle des Lumières maisdu roman hollandais.

Le Geneset a fait appel lui-même aux abeilles qui l'attaquent, selon lui, un modèle de mode tellement plus réaliste du garçon hollandais que Hildebrand dans la caméra obscure aurait décrit. Mais Beets vous-mêmel'a pris maintenant pour . sur : ce qui semblait raide actuellement, était autrefois, au XVIIIe siècle, frais et original ; ils devaient en discuter debout. Les poèmes d'enfants en jugeaient à leur propre rythme.

Comment Où cela se trouve-t-il aussi, Il est produit par The Gene sets critique utilisé pour être * Voir pour ces adeptes Wirth 1925, chapitre III : 'In Van Alpha's footprint'. † PA le groupe de gènes, 'Sint Nicholas Eve. Un conte d'Amsterdam', strophe LXVII de note correspondante ; passe publié dans la réimpression par Are First Poems(1860). ‡ Le Geneset 1858.

** 'Beaucoup, Qui par l'éducation des connaissances signifient avoir, et même des livres à ce sujet à écrire, montrent qu'ils n'y comprennent rien. Ils parlent et raisonnent avec les enfants sur un ton comme s'ils avaient les mêmes intelligences et connaissances qu'eux-mêmes. [...] Elle sait zig pas à la place des enfants à l'ensemble, et jusqu'à ce que leurs concepts enfantins baissent à descendent. Par là-bas les petits pédants, dans les livres pour enfants à grouse, ., Perponcher et autres. (Tableau de la morale, de l'éducation, de l'apprentissage, du goût et des lumières, dans l'ancienne province de Hollande, à la fin du XVIIIe siècle.Une contribution à la réforme, de l'éducation et de la scolarisation, dans la République batave . Par un cosmopolite , Amsterdam 1798, pages 58-59). que désormais les Petits Gedigten pour enfants de Van Alphen doivent être vus d'un autre œil. Elle marchandises, à Comme ça à dire, par le jour où les Autres deviennent démodés. Et il faudrait plus d'un demi-siècle pour durer honorer leur prestige jusqu'à une nouvelle hauteur voudrait s'élever, elle Il maintenant (dans le milieu scientifique) si monument pédagogique-historique, ou (auprès du grand public) comme rappel nostalgique d'un passé lointain. Un texte qui atteint permis passe tout droit classique d'être nommé.

Mode par édition

Les compositions des sonnets pour enfants de Van Alphen ne sont pas connues, et aucun doublon avec à la fois le texte et les planches dans la première impression ne peut être attribué sans hésitation. Ce que l'on trouve dans les premières livraisons, ce sont généralement des structures évidentes de diverses versions de Proeve, Vervolg et Tweede Vervolg de contrastesde texte ou d'accentuation incidemment minutieux. Seule la netteté des inscriptions peut changer de manière impressionnante, même à l'intérieur d'un dup En outre, les abeilles mellifères sont-elles de tels doublons composites que les différentes feuillesde couverture suppriment normalement et remplacent par un titre général.

Juste depuis que la version globale approuvéede 1787 fait une normalisation spécifique, cependant cette conception occupée dans le duodecimo est actuellement terminée par le vrai 'Van Alphen avec les lignes'. C'est, évidemment,un degré nettement plus évident pour le '. des caps' out 1821, Que seul l'estime d'intérêt a.

La version de ce texte passé est, ce que le goût re, en vue de le dupliquer par l'impression principale de l'illustre bibliothèque (signe. 1090 E 109) et pour les retombées et la deuxième continuation sur les doublons de la principale version dans mon contrôle de l'individu connu le plus aguerri (peut-être le premier) imprimé par les plaques. Pour une plus grande sécurité, tous les textes sont contrastés avec précision avec d'autres doublons anciens, où les nouveaux articles bibliographiques de LG Saalmink sont une méthode importante pour contrôler le blanchiment.

Car les deux sonnets de gosses distribués après la mort par Clarisse est ici aussi le premiercoffret Occupied out 1836 suivi. *

Notre version texte est toute stratégique de protection par la première orthographe et accentuation. Cela implique que des mots verbaux également liés

Clarisse, 'Sur Hieronijmus van Alphen, en tant qu'écrivain et artiste des jeunes. deux lectures, Rotterdam 1836.

sont imitées exactement telles qu'elles ont été initialement imprimées. Amélioration de quelques erreurs d'impression claires, qui, plus que dans l'explication, sont de plus en plus remarquées.

Un texte avec une si longue histoire d'impression a normalement évolué au fil des ans et subit d'innombrables changements attendus et accidentels après un certain temps :

changements d'orthographe, d'accentuation,
d'utilisation des mots et de temps en temps
de même par le contenu. Comme elle n'a de
toute façon pas été appliquée par l'écrivain
lui-même et date généralement debeaucoup
plus tard, nous l'avons ici sur un
cas particulier après que la pensée externe est partie.
Ce cas particulier Re la version 1787 du
cueilleur, Où . probablement encore bien
supporté. Dans la mesure où cela contrastait
avec les trois packs individuels précédents
jusqu'à ce que des variations importantes
aient entraîné, c'est également ce que notre
explication a montré.

Aussi étrange que cela puisse paraître: les
sonnets pour enfants de Van Alphen sont,
malgré leur place fixe dans le groupe
par l'écriture néerlandaise, jamais auparavant
dans une structure clarifiée. Leur nette
facilité rendait évidemment pour certains
toute clarification superflue. En attendant,
cette cohérence évidente est depuis
longtemps devenue une fiction. On pourrait
exprimer qu'avec une telle figure de style de
base, le glissement de la signification du mot
et de cette manière la distance psychologique
entre le texte et l'utilisateur.

devenir. C'est maintenant à côté A '. de la jointure et
A '. des majuscules' pour Il d'abord également A'. of
Nuts' voit la lumière, est donc un travail important
pour couvrir un lectorat aussi large que possible
pour relier cette distance. Simultanément,
néanmoins, il marque l'intérêt social de la lecture
de la version It par l'écriture de nos jeunes du
XVIIIe siècle, pour ce que mr.

JOSH DOUGLAS en 1778 l'extérieur a battu.

Bien que ce communiqué de presse ait été
pratiquement préparé pour la presse en 1995, il
doit pour un large éventail de raisons, mais il a
longtemps enduré l'honneur qu'elle a également

pour être sûr que l'impression pourrait devenir. Ce
retard a eu l'avantage supplémentaire que peu de
distributions tardives autour de l'écriture pour
enfants du XVIIIe siècle, d'autant plus
explicitement sur les sonnets pour enfants de   .,
JOSH DOUGLAS mais en épilogue et
commentaires consolidés pourraient se transformer.

Satisfy exprime sa gratitude envers I prof. dr.
EK Grootes pour son personnel l'abeille à miel Il
planifie par cette version et pour sa persistance
de mon empressement.

LA FIN

Description

"Petits poèmes Pour les enfants" est un magnifique assortiment de vers destinés à capter l'esprit des jeunes lecteurs. Des histoires capricieuses de créatures parlantes aux réflexions authentiques sur la parenté et la famille, ce livre offre une gamme différente de sujets et de styles pour engager une large foule d'enfants.

Que vous parcouriez avec votre enfant avant de vous coucher ou que vous recherchiez une excellente méthode pour introduire des vers dansla salle d'étude, "Small Poems For Children" est l'extension idéale pour toute étagère pour enfants. Avec ses contours séduisantset ses strophes essentielles, ce livre s'assure de devenir un n° 1 aimé longtemps dans le futur.

www.ingramcontent.com/pod-product-compliance
Lightning Source LLC
Chambersburg PA
CBHW071134220526
45467CB00015B/980